用友新道业财融合丛书

高新技术企业账务实操

杨彩华　吴凤霞 ◎ 著

清华大学出版社
北京

内 容 简 介

《高新技术企业账务实操》是新道科技股份有限公司与高等院校合作开发的课程教材。该课程开办的目的是顺应目前我国产业结构的优化升级，顺应新技术、新工艺、新材料的应用带动了一批高新技术企业的蓬勃发展的新形势，培养一批懂得高新技术企业的申报、业务流程、账务处理和税务实操的实战型财会人才。

本课程以某软件公司为案例原型，由该企业财务部工作多年的财务总监与深谙教学设计的教学专家联合研发，采用真实的凭证、真实的场景、真实的财务管控，完整展现一家高新技术企业从研发项目立项到其产品研发成功上市销售的全流程账务处理和财务管控。本课程有对高新软件企业特有事项的详细解析，也有高新企业特享税务优惠的具体处理。课程在真实还原的业务场景与财务工作场景中让学生亲身体验业务与财务的融合、业务与税务的衔接，以及财务如何发挥监督与管理的职能。

本书封面贴有清华大学出版社防伪标签，无标签者不得销售。

版权所有，侵权必究。举报：010-62782989，beiqinquan@tup.tsinghua.edu.cn。

图书在版编目（CIP）数据

高新技术企业账务实操 / 杨彩华 , 吴凤霞著 . —北京：清华大学出版社，2020.8（2024.11重印）
（用友新道业财融合丛书）
ISBN 978-7-302-56277-1

Ⅰ.①高… Ⅱ.①杨… ②吴… Ⅲ.①高技术企业－财务管理 Ⅳ.① F276.44

中国版本图书馆 CIP 数据核字 (2020) 第 152960 号

责任编辑：刘志彬
封面设计：李伯骥
版式设计：方加青
责任校对：宋玉莲
责任印制：沈　露

出版发行：清华大学出版社
　　　　　网　　　址：https://www.tup.com.cn，https://www.wqxuetang.com
　　　　　地　　　址：北京清华大学学研大厦 A 座　　邮　　编：100084
　　　　　社 总 机：010-83470000　　邮　　购：010-62786544
　　　　　投稿与读者服务：010-62776969，c-service@tup.tsinghua.edu.cn
　　　　　质 量 反 馈：010-62772015，zhiliang@tup.tsinghua.edu.cn
印 装 者：天津鑫丰华印务有限公司
经　　销：全国新华书店
开　　本：185mm×260mm　　印　张：9.75　　字　数：213 千字
　　　　　（附答案册）
版　　次：2020 年 10 月第 1 版　　印　次：2024 年 11 月第 3 次印刷
定　　价：49.00 元

产品编号：085344-01

前 言

随着我国产业结构的优化升级,新技术、新工艺、新材料的应用带动了一批高新技术企业的蓬勃发展,这些新兴企业该如何进行高新技术申报、享受哪些税收优惠与政策扶持,这些企业的经济业务有哪些特点,其账务处理和税收、审计该如何进行?这些问题困扰着传统企业出身的财务人员,也对院校的财经人员培养提出新的要求。本人在高新技术企业工作多年,近些年也一直和高校探讨和参与编写新时代背景下财经人员的人才培养方案和课程改革方案。有不少高校的教师反映,现在学校的会计教材都是以传统工业作为案例原型,去讲解其账务处理。而大部分学生毕业后更愿意去高新技术企业,所学和所用是脱节的,导致学生入职后不能快速地理解企业业务,熟练地处理企业账务。基于此,很多院校的老师希望能有一本高新技术企业账务实操的教材,作为基础会计课程的辅助案例实战教程。

本书以高新技术企业的典型企业——某软件公司为案例原型,采用真实的业务、真实的原始凭证,完整展现了一家高新技术企业从研发项目立项到其产品研发成功上市销售全流程的账务处理和财务管控方式。书中有对高新软件企业特有事项的详细解析,有高新企业所特享的税务优惠的具体处理,有完整全面的业务介绍,以及规范的账务处理。书中有大量原始凭证,这些凭证均是由真实凭证脱敏而成,保留了真实企业业务的原貌,让读者能看到原汁原味的企业业务,学习到最贴近企业的账务处理,为之后的工作打下良好的基础。

通过本书的学习,读者将能收获以下知识和实操经验:

1. 高新技术企业享受哪些税收优惠;
2. 什么样资质的企业能申请高新,其认定条件是什么;
3. 高新技术企业研发费用的归集与加计扣除;
4. 高新技术企业的研发流程、研发事项解析与财务处理;
5. 高新技术企业软件产品销售和软件服务销售的收入确认特点;
6. 高新技术企业软件收入增值税即征即退的处理;
7. 高新技术企业年终汇算清缴研发费用加计扣除的处理;
8. 高新技术企业对于研发费用与高新技术收入的专项审计。

本书的读者

- ◆ 财经专业在校学生：通过本书的学习，他们能更快更好地适应高新技术企业的财务工作。
- ◆ 在职财务人员：如果他们想从传统行业跳槽到高新技术企业，通过本书的学习，他们在面试时更有专业底蕴，也能更快地适应新工作。
- ◆ 财经专业院校教师：本书的业务案例场景、大量的原始凭证能帮助他们进行传统课程的改造与内容升级。

如何使用本书

对于学生读者，本书需与答案册匹配使用，在答案册中有业务讲解、原始凭证审核要点和账务处理。匹配使用，能更好地理解业务、理解核算要点。

本书提供了匹配用友 ERP 软件 -U810.1 的期初数据账套备份，学员可以将该账套导入软件中，直接在软件中进行凭证处理、月末结算、报表出具。

对于教师读者，本书提供了讲解 PPT，教师可以直接从编辑指定的网上下载，直接用于教学。本书还匹配了一套考核题，教师可以下载作为考核学生学习成绩的参考试题使用。

勘误和支持

由于笔者水平有限，加之撰写时间也有限，书中难免有一些错误和不准确的地方，恳请读者批评指正。

致谢

本书由我和北京经济管理职业学院的吴凤霞老师合作完成，在此，感谢吴老师的精诚合作和辛勤付出。

本书在写作过程中，得到我的同事、原用友公司财务部的财务主管董英英女士的大力协助与多方指导，感谢董姐姐的无私分享与专业指教。

本书的原始单据脱敏与整理工作大部分由孙诗华女士协助完成，在此，感谢诗华的细心与认真。

目 录

1 国家高新技术企业认定和优惠政策 ·· 001
1.1 什么是国家高新技术企业？ ··· 001
1.2 成为国家高新技术企业能享受哪些优惠政策？ ···························· 001
1.3 如何申请成为国家高新技术企业？ ······································ 002
1.3.1 高新认定的条件 ·· 002
1.3.2 认定流程 ·· 002
1.4 高新技术企业中的典型——软件企业 ···································· 004
1.5 软件企业享有特殊优惠政策 ·· 005
1.5.1 所得税：两免三减半 ·· 005
1.5.2 增值税：即征即退 ·· 006

2 案例企业简介 ·· 007
2.1 企业简况 ··· 007
2.2 公司主要的领导和组织结构 ·· 007
2.3 财务部各岗位职责 ··· 008
2.4 企业基本的税收政策 ··· 009
2.4.1 主要税（费）项目及税（费）率 ·································· 009
2.4.2 税收优惠情况 ·· 009
2.5 企业主要的会计政策 ··· 010
2.6 企业的会计科目 ··· 013

3 高新软件行业的经济业务活动 ·· 014
3.1 产品研发过程财务核算 ·· 014

	3.1.1 软件产品研发流程	014
	3.1.2 软件产品研发项目加计扣除项	014
	3.1.3 软件产品研发业务	014
	3.1.4 软硬一体产品研发业务	044
3.2	企业的采购业务核算	044
	3.2.1 采购业务简介与采购流程	044
	3.2.2 采购业务活动	045
3.3	销售业务核算	055
	3.3.1 软件企业收入的类型和收入的确认	055
	3.3.2 软件企业的销售流程	055
	3.3.3 软件企业销售经营活动	056
3.4	其他经营活动	083
3.5	月末处理	135
3.6	三大报表出具	138

4 审计相关事项 ········ 139

4.1	高新技术企业认定需提交材料	139
4.2	中介机构条件	140
4.3	研发费用专项审计报告	140
4.4	高新技术产品（服务）收入明细专项审计报告	143
4.5	近三年财务会计报告	145
4.6	高新技术企业重新认定（复审）	146
4.7	高新技术企业年度备案	146

5 税务相关事项 ········ 147

5.1	即征即退增值税退税申请（月度）	147
5.2	年度企业所得税汇算清缴——研发费用加计扣除	148

1 国家高新技术企业认定和优惠政策

1.1 什么是国家高新技术企业？

根据《高新技术企业认定管理办法》规定，国家高新技术企业是指在国家重点支持的高新技术领域内，持续进行研究开发与技术成果转化，形成企业核心自主知识产权，并以此为基础开展经营活动，在中国境内（不包括港、澳、台地区）注册一年以上的居民企业，是知识密集、技术密集的经济实体。

国家重点支持的高新技术领域共有八类，如图1-1所示。

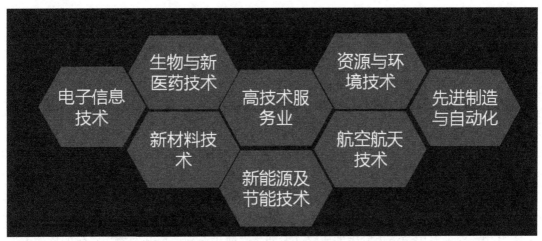

图1-1 高新技术八大领域

1.2 成为国家高新技术企业能享受哪些优惠政策？

成为国家高新技术企业能享受的优惠政策，如图1-2所示。

图 1-2　国家高新技术企业可享优惠政策

1.3　如何申请成为国家高新技术企业？

1.3.1　高新认定的条件

需同时满足以下条件：

1. 企业申请认定时须注册成立一年以上。

2. 企业通过自主研发、受让、受赠、并购等方式，获得对其主要产品（服务）在技术上发挥核心支持作用的知识产权的所有权。

3. 对企业主要产品（服务）发挥核心支持作用的技术属于《国家重点支持的高新技术领域》规定的范围。

4. 企业从事研发和相关技术创新活动的科技人员占企业当年职工总数的比例不低于 10%。

5. 企业近三个会计年度（实际经营期不满三年的按实际经营时间计算，下同）的研究开发费用总额占同期销售收入总额的比例符合如下要求：

（1）最近一年销售收入小于 5000 万元（含）的企业，比例不低于 5%。

（2）最近一年销售收入在 5000 万～2 亿元（含）的企业，比例不低于 4%。

（3）最近一年销售收入在 2 亿元以上的企业，比例不低于 3%。

其中，企业在中国境内发生的研究开发费用总额占全部研究开发费用总额的比例不低于 60%。

6. 近一年高新技术产品（服务）收入占企业同期总收入的比例不低于 60%。

7. 企业创新能力评价应达到相应要求。

8. 企业申请认定前一年内未发生重大安全、重大质量事故或严重环境违法行为。

1.3.2　认定流程

认定流程如图 1-3 所示。

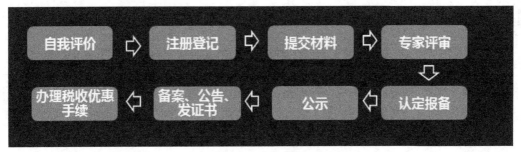

图 1-3 认定流程

高新技术企业认定管理工作网网址为 http://www.innocom.gov.cn。

认定证书样本如图 1-4 所示。

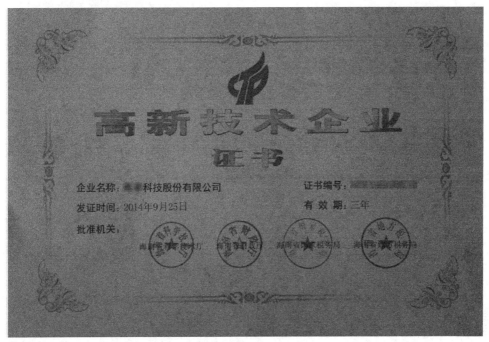

图 1-4 高新技术企业证书样本

高新技术企业资格自颁发证书之日起有效期为三年,企业应在期满前三个月内提出复审申请,不提出复审申请或复审不合格的,其高新技术企业资格到期自动失效。

相关资料:《高新技术企业认定指引》

1.4 高新技术企业中的典型——软件企业

软件企业是指在中国境内依法设立的从事软件产品开发销售（营业）及相关服务，以计算机软件开发生产、系统集成、应用服务和其他相应技术服务为其主要经营业务和经营收入来源的企业。

软件企业需要进行"双软认定"：软件企业认定和软件产品认定（证书如图1-5、图1-6所示）。认定须先登录当地的软件协会网站（http://www.bsia.org.cn），按照网站的要求申请。

图1-5 软件企业证书

软件企业评估认定需要满足的一般条件：

1. 企业签订劳动合同关系且具有大学专科以上学历的职工人数占企业当年月平均职工总人数的比例不低于40%，其中研究开发人员占企业当年月平均职工总数的比例不低于20%。

2. 企业拥有核心关键技术，并以此为基础开展经营活动，且当年度的研究开发费用总额占企业销售（营业）收入总额的比例不低于6%；其中，企业在中国境内发生的研究开发费用金额占研究开发费用总额的比例不低于60%。

3. 企业软件产品开发销售（营业）收入占企业收入总额的比例一般不低于50%[嵌入式软件产品和信息系统集成产品开发销售（营业）收入占企业收入总额的比例不低于40%]，其中软件产品自主开发销售（营业）收入占企业收入总额的比例一般不低于40%[嵌入式软件产品和信息系统集成产品开发销售（营业）收入占企业收入总额的比例不低于30%]。

图 1-6　软件产品证书

1.5　软件企业享有特殊优惠政策

1.5.1　所得税：两免三减半

根据《财政部　国家税务总局关于集成电路设计和软件产业企业所得税政策的公告》（财政部　税务总局公告 2019 年第 68 号）：

1. 依法成立且符合条件的集成电路设计企业和软件企业，在 2018 年 12 月 31 日前自获利年度起计算优惠期，第一年至第二年免征企业所得税；第三年至第五年按照 25% 的法定税率减半征收企业所得税，并享受至期满为止。

2. 本公告第一条所称"符合条件"，是指符合《财政部　国家税务总局关于进一步鼓励软件产业和集成电路产业发展企业所得税政策的通知》（财税〔2012〕27 号）和《财政部　国家税务总局　发展改革委　工业和信息化部关于软件和集成电路产业企业所得税优惠政策有关问题的通知》（财税〔2016〕49号）规定的条件。

注意事项1：软件企业如属国家规划布局内的重点软件企业，且当年未享受免税优惠的，根据《财政部　国家税务总局关于进一步鼓励软件产业和集成电路产业发展企业所得税政策的通知》（财税〔2012〕27号）、《财政部　国家税务总局　发展改革委　工业和信息化部关于软件和集成电路产业企业所得税优惠政策有关问题的通知》（财税〔2016〕49号）等规定，审核确认，可减按10%税率征收企业所得税。

何为重点软件企业？重点软件企业除需要符合软件企业一般条件要求外，还需要满足下列条件之一：

1. 汇算清缴年度软件产品开发销售（营业）收入不低于2亿元，应纳税所得额不低于1000万元，研究开发人员占企业月平均职工总数的比例不低于25%。

2. 在国家规定的重点软件领域内，汇算清缴年度软件产品开发销售（营业）收入不低于5000万元，应纳税所得额不低于250万元，研究开发人员占企业月平均职工总数的比例不低于25%，企业在中国境内发生的研究开发费用金额占研究开发费用总额的比例不低于70%。

3. 汇算清缴年度软件出口收入总额不低于800万美元，软件出口收入总额占本企业年度收入总额比例不低于50%，研究开发人员占企业月平均职工总数的比例不低于25%。

注意事项2：国家高新技术软件企业，在享受"两免三减半"过渡优惠政策的同时不能同时申请所得税15%低税率的政策优惠。政策依据：（国税发〔2007〕39号）第三条规定，企业所得税过渡优惠政策与新税法的实施条例规定的优惠政策存在交叉的，由企业选择最优惠的政策执行，不得叠加享受，且一经选择，不得改变。

1.5.2　增值税：即征即退

1. 2019年5月1日起，增值税一般纳税人销售其自行开发生产的软件产品，按13%税率征收增值税后，对其增值税实际税负超过3%的部分实行即征即退政策。

2. 增值税一般纳税人将进口软件产品进行本地化改造后对外销售，其销售的软件产品可享受本条第一款规定的增值税即征即退政策。

3. 纳税人受托开发软件产品，著作权属于受托方的征收增值税，著作权属于委托方或属于双方共同拥有的不征收增值税；对经过国家版权局注册登记，纳税人在销售时一并转让著作权、所有权的，不征收增值税。

2 案例企业简介

2.1 企业简况

希丰科技股份有限公司(以下简称希丰公司)成立于 2011 年,是中国领先的云计算应用服务提供商,致力于向顾客提供平台软件的咨询、开发、运营和应用等专业服务。

希丰公司是经相关机构认定的软件企业和国家高新技术企业,其三大主营业务为软件产品、软硬一体产品、技术服务。表 2-1 为希丰公司产品目录。

表 2-1 希丰公司产品目录

产品分类	产品编码	产品名称
软件类	020101	EPP1.0
	020102	EPP2.0
	020103	IRV2.0
	020104	CCS1.0
	020105	CCS1.1
软硬一体类	020201	财务助手-小蓝
	020202	办公助手-小红

2.2 公司主要的领导和组织结构

希丰公司主要领导和组织结构如图 2-1 所示。

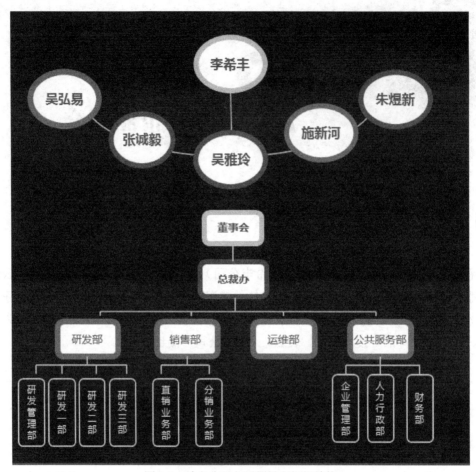

图 2-1 希丰公司主要领导和组织结构

2.3 财务部各岗位职责

表 2-2 为希丰财务部各岗位职责。

表 2-2 财务部岗位职责

职　位	职　责
财务总监	在总经理领导下，全面负责公司的财务管理、会计核算、内部控制工作；严格执行国家有关财经法律、法规、方针、政策和制度以及企业管理制度，保障公司合法合规经营，维护股东权益；负责制定公司财务规划、财务计划、财务预算、资本计划；参与公司投资、重要经营活动、重大经济合同或协议、重要经济问题等方面的决策、方案制定、研究、审查；建立健全公司内部核算组织，指导和建立数据管理体系；建立健全完善公司财务管理制度；组织公司有关部门开展经济活动分析，努力降低成本、增收节支、提高效益；组织和指导部门员工培训，提高财务人员的职业素养和专业技能，对部门员工进行考核

续表

职 位	职 责
财务经理	在财务总监的领导下全面负责财务部的日常管理工作；组织部门员工做好会计核算，正确、及时、完整地处理账务；编制财务报告，进行经济活动分析；组织实施公司财务报表审计、税务稽查及内部控制审计工作
收入、成本会计	负责收入、成本类合同的审核；负责收入的确认及收入类凭证的编制；负责产品成本单据的审核以及凭证的编制；编制成本报表，进行成本分析
费用会计	负责专项费用的事前审核；负责付款合同的审核；负责费用类单据的审核和凭证编制；负责往来款项的核对和账龄分析；负责部门费用表的编制
税务会计	负责纳税申报及缴纳、税务筹划、办理减免税事项的申请及备案等税务相关工作
出纳	负责办理货币资金的收、付款业务；保管库存现金、有价证券及法人代表名章；登记库存现金日记账、银行存款日记账，保证账实相符；购买、保管和开具发票；对进项税发票进行认证、核对及存档管理；负责会计档案的管理工作

2.4 企业基本的税收政策

2.4.1 主要税（费）项目及税（费）率

希丰公司的主要税（费）及税（费）率如表 2-3 所示。

表 2-3 希丰公司主要税（费）项目及税（费）率

税（费）项目	计税依据	税（费）率
增值税	销售货物或提供劳务	13%/6%
城市维护建设税	应缴增值税税额	7%
教育费附加	应缴增值税税额	3%
地方教育费附加	应缴增值税税额	2%
企业所得税	应纳税所得额	25%/15%

2.4.2 税收优惠情况

希丰公司的税收优惠情况见表 2-4。

表 2-4 希丰公司税收优惠情况

优惠项目	国家文件依据	具体优惠政策规定
企业所得税"两免三减半"	《财政部 国家税务总局关于进一步鼓励软件产业和集成电路产业发展企业所得税政策的通知》《软件企业管理办法》	我国境内新办的集成电路设计企业和符合条件的软件企业，经认定后，在 2018 年 12 月 31 日前自获利年度起计算优惠期，第一年至第二年免征企业所得税，第三年至第五年按照 25% 的法定税率减半征收企业所得税，并享受至期满为止

续表

优惠项目	国家文件依据	具体优惠政策规定
研发费用加计扣除	《中华人民共和国企业所得税法》第三十条第（一）款	企业用于开发新技术、新产品、新工艺发生的研究开发费用，可以在计算应纳税所得额时加计扣除。按照研究开发费用的75%加计扣除；形成无形资产的，按照无形资产成本的175%摊销
企业所得税减按15%的优惠税率	《中华人民共和国企业所得税法》第二十八条	是指依据科技部、财政部、国家税务总局2008年4月联合颁布的《高新技术企业认定管理办法》及《国家重点支持的高新技术领域》认定的高新技术企业，可以依照2008年1月1日起实施的新《企业所得税法》及其《实施条例》《中华人民共和国税收征收管理法》及《中华人民共和国税收征收管理法实施细则》等有关规定申请享受减至15%的税率征收企业所得税税收优惠政策
软件产品增值税即征即退政策	《财政部 国家税务总局关于软件产品增值税政策的通知》（财税〔2011〕100号）	增值税一般纳税人销售其自行开发生产的软件产品，按13%税率征收增值税后，对其增值税实际税负超过3%的部分实行即征即退政策

注：所得税"两免三减半"的政策和减按15%的优惠税率政策企业只能选择一种。希丰公司在2011—2015年享受的是"两免三减半"的政策，自2016年起享受的是减按15%的优惠税率政策。

2.5 企业主要的会计政策

希丰公司以《企业会计准则》为会计制度，会计年度自公历1月1日起至12月31日止，采用人民币为记账本位币，以权责发生制为记账基础。

1. 应收款项核算方法

应收款项按照《企业会计准则第22号——金融工具确认和计量（2006年）》规定核算。希丰公司应收款项主要包括应收票据及应收账款、长期应收款和其他应收款。在资产负债表日有客观证据表明其发生了减值的，公司根据其账面价值与预计未来现金流量现值之间差额确认减值损失。

（1）单项金额重大并单项计提坏账准备的应收款项

见表2-5。

表2-5 单项金额重大并单项计提坏账准备的应收款项

单项金额重大的判断依据或金额标准	应收款项账面余额在100万元以上的款项
单项金额重大并单项计提坏账准备的计提方法	根据其账面价值与预计未来现金流量现值之间差额确认

（2）按信用风险特征组合计提坏账准备应收款项

见表2-6。

表 2-6　按信用风险特征组合计提坏账准备应收款项

确定组合的依据	款项性质及风险特征	计提方法
账龄组合	相同账龄的应收款项具有类似信用风险特征	账龄分析法
无风险组合	根据款项性质单独测试无特别风险的组合，如员工借款、备用金	不计提坏账准备

组合中，采用账龄分析法计提坏账准备情况如表 2-7 所示。

表 2-7　账龄分析法计提坏账准备

账　　龄	应收账款计提比例（%）	其他应收款计提比例（%）
1 年以内（含 1 年）	3	3
1～2 年	5	5
2～3 年	10	10
3～4 年	20	20
4～5 年	50	50
5 年以上	100	100

（3）单项金额虽不重大但单项计提坏账准备的应收款项

见表 2-8。

表 2-8　单项金额虽不重大但单项计提坏账准备的应收款项

单项计提坏账准备的理由	账龄 3 年以上的应收款项且有客观证据表明其发生了减值
坏账准备的计提方法	根据其账面价值与预计未来现金流量现值之间差额确认

2. 存货核算方法

存货核算按照《企业会计准则第 1 号——存货》的规定。

（1）存货的分类

希丰公司存货主要包括原材料、周转材料、委托加工材料、包装物、低值易耗品、在产品、自制半成品、产成品（库存商品）等。

（2）发出存货的计价方法

存货发出时，采取加权平均法来确定其发出的实际成本。

（3）存货跌价准备的计提方法

资产负债表日，存货按照成本与可变现净值孰低计量，并按单个存货项目计提存货跌价准备，但对于数量繁多、单价较低的存货，按照存货类别计提存货跌价准备。

（4）存货的盘存制度

希丰公司的存货盘存制度为永续盘存制。

（5）低值易耗品和包装物的摊销方法

低值易耗品和包装物采用一次转销法摊销。

3. 固定资产核算方法

固定资产核算按照《企业会计准则第 4 号——固定资产》的规定。

(1) 固定资产分类和折旧方法

希丰固定资产主要分为电子设备、运输设备、家具用具和其他设备等，折旧方法采用年限平均法。根据各类固定资产的性质和使用情况，确定固定资产的使用寿命和预计净残值。并在年度终了，对固定资产的使用寿命、预计净残值和折旧方法进行复核，如与原先估计数存在差异的，进行相应的调整。除已提足折旧仍继续使用的固定资产和单独计价入账的土地之外，本公司对所有固定资产计提折旧。具体折旧年限和折旧率如表 2-9 所示。

表 2-9　固定资产折旧年限与折旧率

资产类别	预计使用年限（年）	预计净残值率（%）	年折旧率（%）
计算机及电子设备	3	0	33.33
运输设备	6	3	16.17
家具用具	5	3	19.40
其他设备	3	3	32.33

(2) 固定资产的减值

固定资产于资产负债表日存在减值迹象的，进行减值测试。减值测试结果表明资产的可收回金额低于其账面价值的，按其差额计提减值准备并计入减值损失。

可收回金额为资产的公允价值减去处置费用后的净额与资产预计未来现金流量的现值两者之间的较高者。

资产减值损失一经确认，以后期间不予转回价值得以恢复的部分。

4. 无形资产核算方法

无形资产核算方法按照《企业会计准则第 6 号——无形资产》的规定。

无形资产的计价方法

希丰公司无形资产按照成本进行初始计量。购入的无形资产，按实际支付的价款和相关支出作为实际成本。

希丰公司无形资产后续计量方法如下：使用寿命有限无形资产采用直线法摊销，并在年度终了时，对无形资产的使用寿命和摊销方法进行复核，如与原先估计数存在差异，要进行相应的调整；使用寿命不确定的无形资产不摊销，但在年度终了时，对使用寿命进行复核，当有确凿证据表明其使用寿命是有限的，则估计其使用寿命，按直线法进行摊销。

使用寿命有限的无形资产摊销方法如表 2-10 所示。

表 2-10　使用寿命有限的无形资产摊销方法

资产类别	使用寿命（年）	摊销方法
软件	10	直线摊销法
非专利技术	10	直线摊销法
专利技术	10	直线摊销法

5. 收入确认原则

收入确认按照《企业会计准则第 14 号——收入》的规定。

希丰公司主要业务是销售软件、硬件及为客户提供售后软件运营服务。其中销售软件、硬件销售部门，依据软硬件测试完毕，取得客户验收单来确认收入；提供售后服务部门，依据提供咨询服务的工时占比确认履约进度，进而确认收入。

6. 所得税的会计处理方法

所得税按照《企业会计准则第 18 号——所得税》的规定核算。

7. 会计政策、会计估计变更和差错更正

会计政策、会计估计变更和差错更正按照《企业会计准则第 28 号——会计政策、会计估计变更和差错更正》的规定处理。

2.6　企业的会计科目

扫码查看"会计科目"

3 高新软件行业的经济业务活动

3.1 产品研发过程财务核算

3.1.1 软件产品研发流程

软件研发流程：产品调研—产品立项—产品开发—产品评测—客户验证—发版上市。

3.1.2 软件产品研发项目加计扣除项

研发过程中可加计扣除的费用有人员人工费用、直接投入费用、折旧费用、无形资产摊销费用、新产品设计费、新工艺规程制定费、新药研制的临床试验费、勘探开发技术的现场试验费、其他相关费用（其他相关费用指技术图书资料费、资料翻译费、专家咨询费、高新科技研发保险费，研发成果的检索、分析、评议、论证、鉴定、评审、评估、验收费用，知识产权的申请费、注册费、代理费，差旅费，会议费，职工福利费，补充养老保险费，补充医疗保险费。此类费用总额不得超过可加计扣除研发费用总额的10%）。

如有委托研发费用，委托境内研发费用按照金额的80%加计扣除。

3.1.3 软件产品研发业务

经济业务1：产品经理外出调研

业务描述：6月8日—6月11日，研发一部的产品经理蔡以周从北京出发去厦门调研客户需求，6月12日，提交差旅费报销单及相关原始单据报销出差费用。

原始单据有差旅费报销单、电子机票行程单、出租车发票、住宿发票（增值税专用发票发票联、增值税专用发票抵扣联）、住宿流水单（如图3-1～图3-5所示）。

3 高新软件行业的经济业务活动

差旅费报销单

现金付讫

第1页/共1页

单据编号：	XDBX1510120115	单据日期：	2019/6/12	部门名称：	研发一部
费用承担部门：		预算项目：	研发专项	报销人员：	蔡以周
手机：	18610286113	客商：		邮件：	caiyizhou@xifeng.com
合计金额：	3503.00	大写金额：	叁仟伍佰零叁元整	收支项目：	

事由	出发日期	出发地点	到达日期	到达地点	交通工具	长途交通费	往返交通费	目的地费用项目	目的地费用	补贴金额	其他费用
客户调研	2019/6/8	北京	2019/6/8	厦门	飞机	1130.00	288.00	住宿费	684.00	240.00	
客户调研	2019/6/11	厦门	2019/6/12	北京	飞机	1130.00	31.00				

录入人：	蔡以周	审核人：	吴雅玲	打印人：	蔡以周
单位：	希丰科技股份有限公司		杨永霞	打印日期：	2019/6/12

图 3-1 差旅费报销单

电子机票行程单

航班号	起飞日期	起飞/到达时间		出发/到达城市	
CA1609	2019-06-08	0845/1045		北京—厦门	
乘机人	机票号	机票金额	退回金额	舱位	折扣	状态
蔡以周	999571913521	1130.00		经济舱	100%	出票成功
1小时最低价	非最低价	原因				
低价航班		CA1609 0845-1045 经济舱 ¥（100%）1130				
航班号	起飞日期	起飞/到达时间		出发/到达城市	
CA1630	2019-6-11	1740/1935		厦门—北京	
乘机人	机票号	机票金额	退回金额	舱位	折扣	状态
蔡以周	9995719110754	1130.00		经济舱	100%	出票成功
1小时最低价	非最低价	原因				
低价航班		CA1630 1740-1935 经济舱 ¥（100%）1130				

图 3-2 电子机票行程单

图 3-3 出租车发票

图 3-4 住宿发票

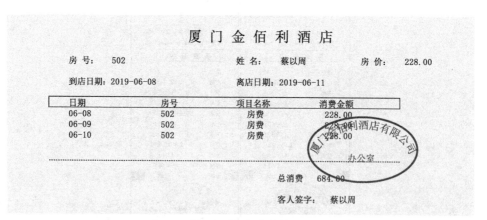

图 3-5 住宿流水单

经济业务 2：聘请咨询机构做行业咨询

业务描述：6月8日，研发一部聘请北京睿益博融科技公司的专家做行业分析，支付该公司咨询费用 5282 元。

原始单据有其他费报销单、咨询费发票、银行付款回单（如图 3-6～图 3-8 所示）。

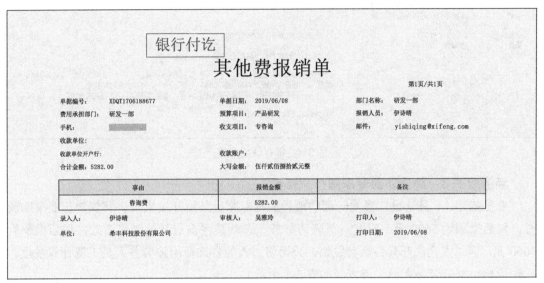

图 3-6　其他费报销单

图 3-7　咨询费发票

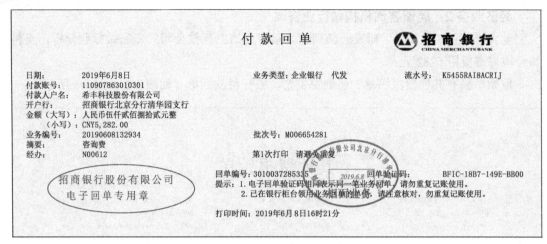

图 3-8　银行付款回单

经济业务 3：聘请外部专家做行业咨询

业务描述：6 月 9 日，研发一部聘请供应链专家吴某给开发人员讲解煤炭行业采购流程，税后报酬为 5600 元；研发三部聘请财务专家刘某咨询最新的财税新政，税后报酬为 4000 元。因二人无法开具咨询费发票，公司将二人的咨询费用按劳务人员工资计算发放。

原始单据为劳务人员工资表（如表 3-1 所示）。

表 3-1　劳务人员工资表

单位：元

部　门	应发工资	预缴个税	实发合计
研发一部	6666.67	1066.67	5600
研发三部	4761.90	761.90	4000
总计	11428.57	1828.57	9600

审核人：吴弘易　　　　　　　　　　　　　　　　　　　制表人：张嘉鸿

经济业务 4：研发一部新产品项目立项

业务描述：6 月 10 日，研发一部组织召开新一代供应链产品 EPP3.0 产品开发立项会议，公司高层和专家进行立项评审，评审会议形成立项决议书，确定产品立项。

原始单据有银行付款回单、招待费报销单、餐饮费发票、其他费报销单、会议费发票（如图 3-9～图 3-13 所示）。

3　高新软件行业的经济业务活动

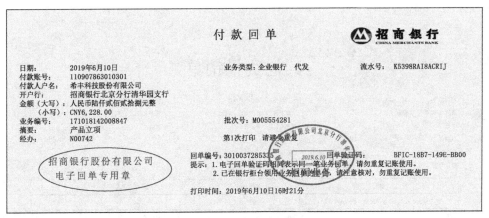

图 3-9　银行付款回单

图 3-10　招待费报销单

图 3-11　餐饮费发票

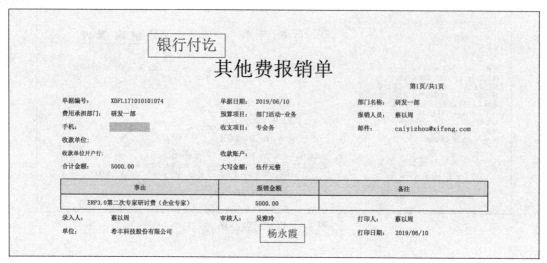

图 3-12　其他费报销单

图 3-13　会议费发票

经济业务 5：研发三部产品升级版项目立项

业务描述：6月11日，研发三部组织召开财务软件 CCS1.2 升级版产品立项会议，公司高层和专家进行立项评审，评审会议形成立项决议书，确定产品立项。

原始单据有银行付款回单、其他费报销单、会议费发票、会议费明细表（如图 3-14～图 3-17 所示）。

图 3-14　银行付款回单

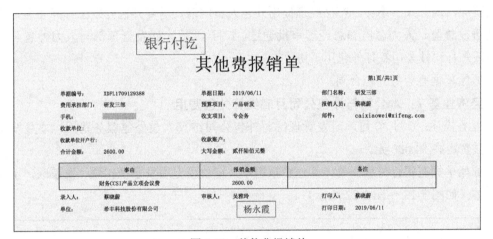

图 3-15　其他费报销单

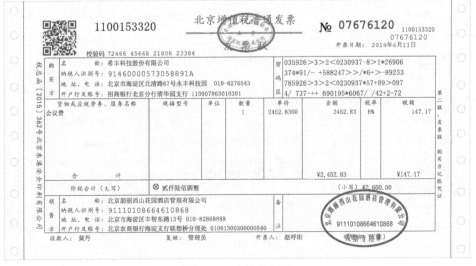

图 3-16　会议费发票

会议费明细表

会议时间	2019年6月11日	会议地点	朗丽西山花园酒店
会议名称	产品立项总结		
会议范围	研发三部全体成员		
会议人数	13	费用标准	2600元/半天
会议内容及目的	1. 产品上市事项沟通 2. 产品后期维护工作安排 3. 新产品上市宣传沟通		

图3-17 会议费明细表

经济业务6：研发开发项目组团队组建，部分开发任务外包

业务描述：6月11日，研发一部组建EPP3.0产品开发项目组，该项目组需要6名开发工程师，现有人手不够，产品经理提出外包人员申请，需要外包开发工程师3名，申请已被研发总监、人力总监和总经理审批通过。6月12日，研发管理部与人力外包公司北京弘毅知行科技公司签订外包用工协议。

原始单据有劳务外包合同。

经济业务7：本公司与外包公司月底结算外包费用

业务描述：6月30日，研发管理部与外包公司结算人员外包服务费用，本月发生外包人员费用共54 000元。

原始单据有银行付款回单，其他费报销单，增值税专用发票抵扣联、发票联，工作量确认单（如图3-18～图3-22所示）。

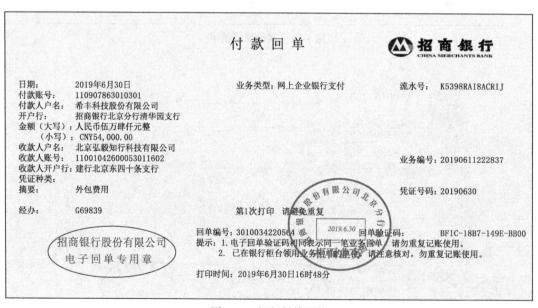

图3-18 银行付款回单

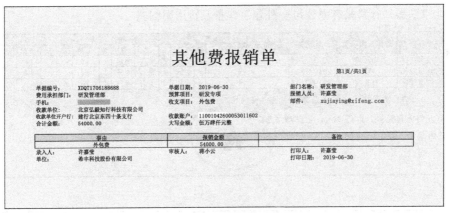

图 3-19 其他费报销单

图 3-20 增值税专用发票抵扣联

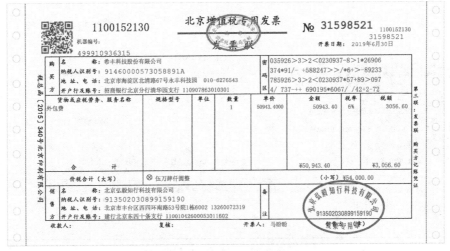

图 3-21 增值税专用发票发票联

北京弘毅知行科技有限公司—外包工作量及费用明细表

年：2019年6月

序号	部门	外包人员名称	入职时间	离职时间	1	2	3	4	5	6	7	8	9	10	11	12	13	14	15
1	约创事业部	李泽坤	2019/5/26		节日	√	√	√	√	周六	周日	√	√	√	√	√	周六	周日	√
2	约创事业部	董雪	2019/7/11		节日	√	√	√	√	周六	周日	√	√	√	√	√	周六	周日	√
3	约创事业部	林志清	2019/7/16		节日	√	√	√	√	周六	周日	√	√	√	√	√	周六	周日	√

合计：结算服务费共计： 伍万肆仟 元整（¥54000）

甲方负责人签字：吴雅玲　　2019.6.30

乙方负责人签字：刘阳

工作记录

16	17	18	19	20	21	22	23	24	25	26	27	28	29	30	31	实到天数	付款金额
√	√	√	√	周六	周日	√	√	√	√	√	√	周六	周日	节日	√	21	16000
√	√	√	√	周六	周日	√	√	√	√	√	√	周六	周日	节日	√	23	18000
√	√	√	√	周六	周日	√	√	√	√	√	√	周六	周日	节日	√	25	20000
																	54000

图 3-22　工作量确认单

经济业务 8：研发一部购买研发用固定资产（金额较大）

业务描述：6 月 13 日，研发一部为了新产品测试，购买联想服务器 1 台。

原始单据有银行付款回单，支出凭单，增值税专用发票抵扣联、发票联，入库单，硬件（设备）采购合同（如图 3-23 ～图 3-28 所示）。

图 3-23　银行付款回单

对 公

支 出 凭 单

银行付讫

预算项目

大 项 目

部门 研发一部　　2019 年 6 月 13 日　　第 95 号

即 付 测试服务器（联想RD640）

款　　　　对方科目编号

计人民币：叁万捌仟元整　　小写：¥38,000.00

领款人：何怀斌

会计	主管人员	柯俊生	出纳	付讫

财务主管：朱煜新　　上级主管：吴雅玲　　部门经理：蔡以周

图 3-24 支出凭单

1100152130　　北京增值税专用发票　　№ 00218415　1100152130　00218415

抵扣联

机器编号：499910936567　　开票日期：2019年6月13日

购买方	
名称	希丰科技股份有限公司
纳税人识别号	91460000573058891A
地址、电话	北京市海淀区北清路67号永丰科技园 010-6276543
开户行及账号	招商银行北京分行清华园支行 110907863010301

密码区：
035926>3>2<0230937-8>1*26906
374*91/- +588247>>/*6+>-89233
785926>3>2<0230937*57+89>097
4/ 737-++ 690195*6067/ /42+2-72

货物或应税劳务、服务名称	规格型号	单位	数量	单价	金额	税率	税额
服务器	联想RD640	台	1	33628.3200	33628.32	13%	4371.68
合计					¥33,628.32		¥4,371.68
价税合计（大写）	⊗叁万捌仟圆整				（小写）¥38,000.00		

销售方	
名称	北京北联晨光信息系统有限公司
纳税人识别号	110108703309535
地址、电话	北京市海淀区上地西路28号时代大厦A座4层 62969601
开户行及账号	中国银行北京上地支行 34545602638

备注：北京北联晨光信息系统有限公司 110108703309535 发票专用章

收款人：陈蔓　　复核：王军燕　　开票人：陈蔓

税总函〔2015〕340号北京印制有限公司

第二联：抵扣联 购买方扣税凭证

图 3-25 增值税专用发票抵扣联

1100152130　　北京增值税专用发票　　№ 00218415　1100152130　00218415

发票联

机器编号：499910936567　　开票日期：2019年6月13日

购买方	
名称	希丰科技股份有限公司
纳税人识别号	91460000573058891A
地址、电话	北京市海淀区北清路67号永丰科技园 010-6276543
开户行及账号	招商银行北京分行清华园支行 110907863010301

密码区：
035926>3>2<0230937-8>1*26906
374*91/- +588247>>/*6+>-89233
785926>3>2<0230937*57+89>097
4/ 737-++ 690195*6067/ /42+2-72

货物或应税劳务、服务名称	规格型号	单位	数量	单价	金额	税率	税额
服务器	联想RD640	台	1	33628.3200	33628.32	13%	4371.68
合计					¥33,628.32		¥4,371.68
价税合计（大写）	⊗叁万捌仟圆整				（小写）¥38,000.00		

销售方	
名称	北京北联晨光信息系统有限公司
纳税人识别号	110108703309535
地址、电话	北京市海淀区上地西路28号时代大厦A座4层 62969601
开户行及账号	中国银行北京上地支行 34545602638

备注：北京北联晨光信息系统有限公司 110108703309535 发票专用章

收款人：陈蔓　　复核：王军燕　　开票人：陈蔓

税总函〔2015〕340号北京印制有限公司

第三联：发票联 购买方记账凭证

图 3-26 增值税专用发票发票联

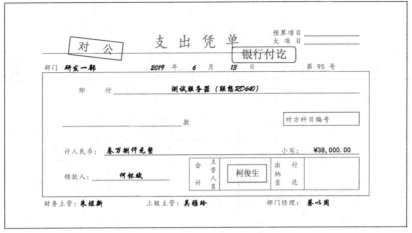

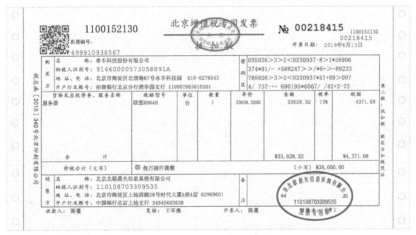

图 3-27 入库单

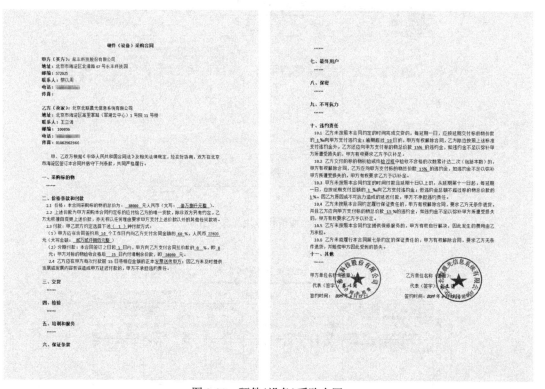

图 3-28 硬件(设备)采购合同

经济业务 9:研发管理部购买研发用固定资产(金额较小)

业务描述:6 月 13 日,研发管理部的 UI 设计师林怡航因工作需要,在京东上购买数位板,金额 2500 元。

原始单据有支出凭单、购买固定资产的普通发票、入库单(如图 3-29~图 3-31 所示)。

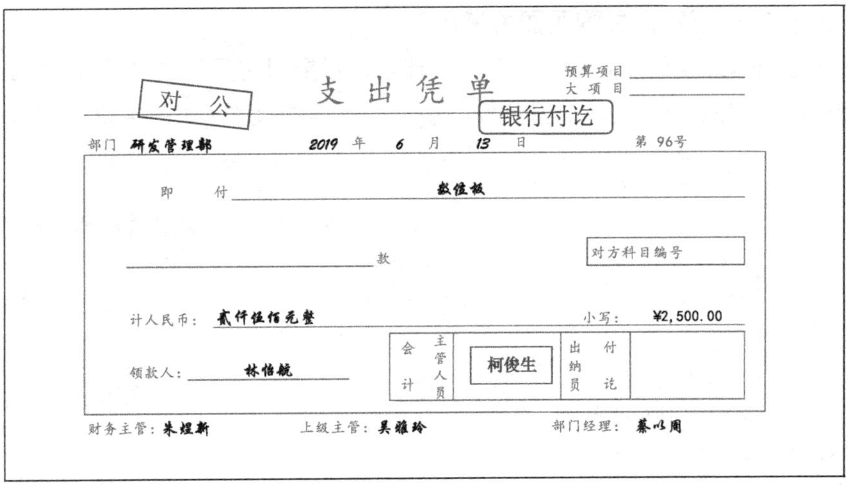

支出凭单

对公　　银行付讫

预算项目
大项目

部门 研发管理部　　2019 年 6 月 13 日　　第 96 号

即付 数位板

款　　对方科目编号

计人民币：贰仟伍佰元整　　小写：¥2,500.00

领款人：林怡航　　会计主管人员　柯俊生　　出纳员　付讫

财务主管：朱煜新　　上级主管：吴雅玲　　部门经理：蔡以周

图 3-29　支出凭单

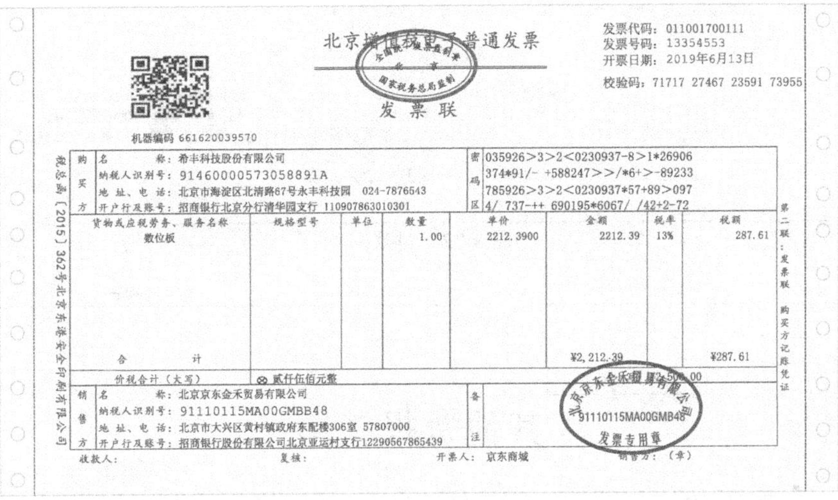

北京增值税电子普通发票

发票联

发票代码：011001700111
发票号码：13354553
开票日期：2019年6月13日
校验码：71717 27467 23591 73955

机器编码 661620039570

购买方
名称：希丰科技股份有限公司
纳税人识别号：91460000573058891A
地址、电话：北京市海淀区北清路67号永丰科技园 024-7876543
开户行及账号：招商银行北京分行清华园支行 110907863010301

密码区
035926>3>2<0230937-8>1*26906
374*91/- +588247>>/*6+>-89233
785926>3>2<0230937*57+89>097
4/ 737-++ 690195*6067/ /42+2-72

货物或应税劳务、服务名称	规格型号	单位	数量	单价	金额	税率	税额
数位板			1.00	2212.3900	2212.39	13%	287.61
合　计					¥2,212.39		¥287.61

价税合计（大写）⊗贰仟伍佰元整　（小写）¥2,500.00

销售方
名称：北京京东金禾贸易有限公司
纳税人识别号：91110115MA00GMBB48
地址、电话：北京市大兴区黄村镇政府东配楼306室 57807000
开户行及账号：招商银行股份有限公司北京亚运村支行12290567865439

备注

收款人：　　复核：　　开票人：京东商城　　销售方：（章）

第二联：发票联　购买方记账凭证

税总函［2015］362号北京东港安全印刷有限公司

图 3-30　普通发票

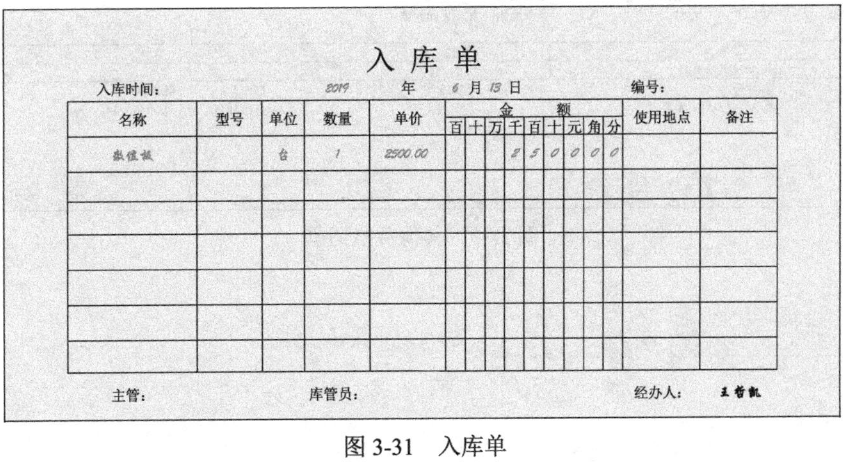

入库单

入库时间：2019 年 6 月 13 日　　编号：

名称	型号	单位	数量	单价	金额 百	十	万	千	百	十	元	角	分	使用地点	备注
数位板		台	1	2500.00				2	5	0	0	0	0		

主管：　　库管员：　　经办人：王哲凯

图 3-31　入库单

经济业务10：研发人员购买图书资料费

业务描述：6月14日，研发二部产品经理余媛媛报销购买研发用书籍费用。
原始单据有付款回单、其他费报销单、购书发票、购书清单（如图3-32～图3-35所示）。

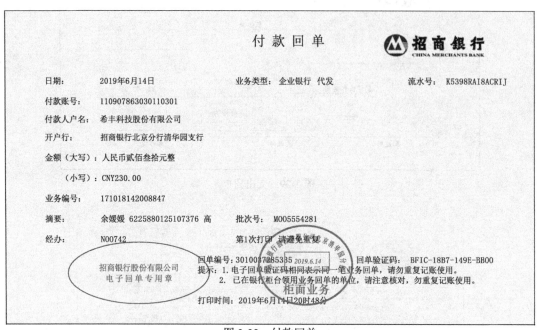

图3-32　付款回单

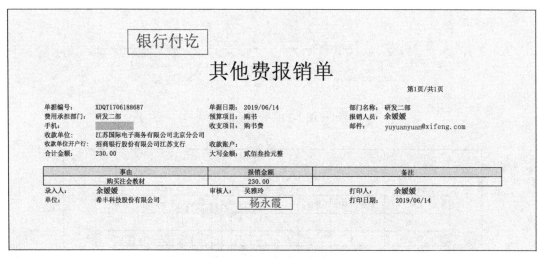

图3-33　其他费报销单

北京市国家税务局
JD京东 江苏国际电子商务有限公司
发 票 联

发票代码：111001776061
发票号码：10359611
密　　码：
收款单位：江苏国际电子商务有限公司北京分公司
税　　号：110192585816506
开票日期：2019年6月14日　　　　开票人：
付款单位：希丰科技股份有限公司

项目　　　单价　　　数量　　　金额

小写合计：230.00
大写合计：贰佰叁拾元整　110192585816506

图 3-34　购书发票

商品	商品编号	京东价	商品数量
注册会计师2019教材 2019年注册会计师全国统一考试辅导教材（新大纲）：公司战略与风险管理	12148908	¥32.30	1
注册会计师2019教材 2019年注册会计师全国统一考试辅导教材（新大纲）：经济法	12148904	¥40.00	1
注册会计师2019教材 2019年注册会计师全国统一考试辅导教材（新大纲）：财务成本管理	12053147	¥38.20	1
注册会计师2019教材 2019年注册会计师全国统一考试辅导教材（新大纲）：税法	12053151	¥43.30	1
注册会计师2019教材 2019年注册会计师全国统一考试辅导教材（新大纲）：审计	12148890	¥44.80	1
注册会计师2019教材 2019年注册会计师全国统一考试辅导教材（新大纲）：会计	12053153	¥47.60	1

商品总额：　¥246.20
返现：　　　-¥0.00
商品优惠：　-¥16.20
运费：　　　¥0.00
应付总额：　¥230.00

图 3-35　购书清单

经济业务 11：研发人员加班交通费

业务描述：产品立项后，研发部门工作量加大，按照惯例，研发管理部规定每周二、周四晚上加班（晚上6点半—9点）。6月30日，研发三部开发工程师欧阳冲报销本月晚上加班打车费。

原始单据有交通费报销单、滴滴电子发票、行程单（图3-36～图3-38所示）。

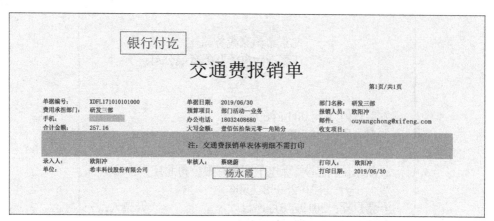

图 3-36 交通费报销单

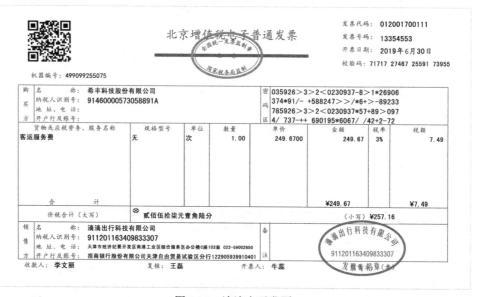

图 3-37 滴滴电子发票

滴滴出行-行程单

DIDI TRAVAL-TRIP TABLE

姓名 欧阳冲　　　　　工号 _____　　　　　部门 研发三部

申请日期：2019-06-30　　　　行程时间：2019-06-08至2019-06-30
行程人手机号：　　　　　　　共4笔行程，合计257.16元

序号	车型	上车时间		城市	起点	终点	里程（公里）	金额（元）	备注
1	快车	06-10	21：05	北京市	天通苑西二区		22.5	62.16	
2	专车	06-12	21：06	北京市		天通苑	23.5	65.50	
3	专车	06-17	21：07	北京市		天通苑	23.0	64.00	
4	专车	06-19	21：08	北京市		天通苑	25.5	65.50	

图 3-38 电子行程单

经济业务 12：研发人员晚上加班餐费

业务描述：6月30日，研发三部产品经理蔡晓蔚报销本部门晚上员工加班餐费。原始单据有招待费报销单、餐费发票（如图3-39～图3-40所示）。

图 3-39　招待费报销单

图 3-40　餐费发票

经济业务 13：新产品第三方机构检测

业务描述：6月25日，研发三部委托第三方评测机构检测其开发的软硬一体产品"办公助手－小红"，双方签订检测合同。该评测机构为小规模纳税人，委托税务局代开增值税专用发票。

原始单据有付款回单，其他费报销单，增值税专用发票抵扣联、发票联，检测合同（如图 3-41～图 3-45 所示）。

图 3-41　付款回单

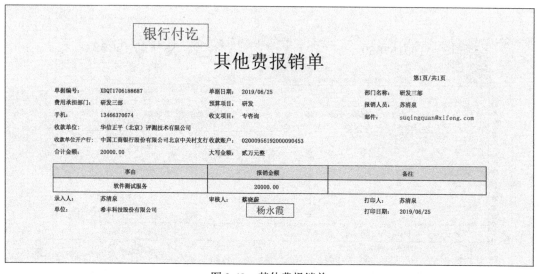

图 3-42　其他费报销单

图 3-43 增值税专用发票抵扣联

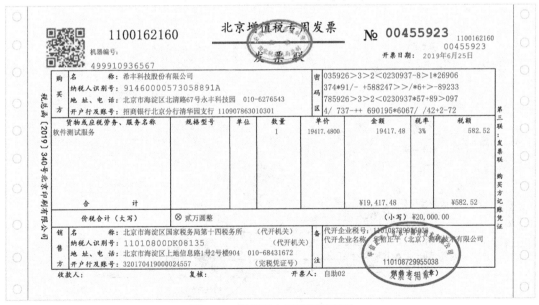

图 3-44 增值税专用发票发票联

检测合同

第一条
……
第二条
……
第三条
……
第四条
……
第五条 甲方应按以下方式支付评测经费：
1. 评测经费总额为：大写金额：人民币 __贰万元整__
   小写金额：¥ __20000.00__
2. 具体支付方式和时间如下：

序号	付款条件	比例	付款金额（人民币：元）
1	合同签订生效后 5 个工作日内，乙方开具相应金额发票后甲方付款	0	0
2	乙方出具电子版报告，并经甲方确认符合本合同约定后 5 个工作日内，乙方开具相应金额增值税专用发票后甲方付款	100%	20000.00

……
第六条
……
第七条
……
第八条
……
第九条
……
第十条
……
第十一条
……

— 合同结束 —

委托方（甲方）： __希丰科技股份有限公司__ （签章）
法定代表人/授权代表：_____
签署日期： __2019__ 年 __6__ 月 __25__ 日
受托方（乙方）： __华信正平（北京）评测技术有限公司__ （签章）
法定代表人/授权代表：_____
签署日期： __2019__ 年 __6__ 月 __25__ 日

图 3-45　检测合同

经济业务 14：新产品内部产品评审

业务描述：6月30日，研发三部的CCS1.2升级版研发完毕，质量总监陈晓东组织召开新产品专家评审会，进行产品的内部评审。

原始单据有付款回单，其他费报销单，会议费增值税专用发票抵扣联、发票联，会议费明细表（如图3-46～图3-50所示）。

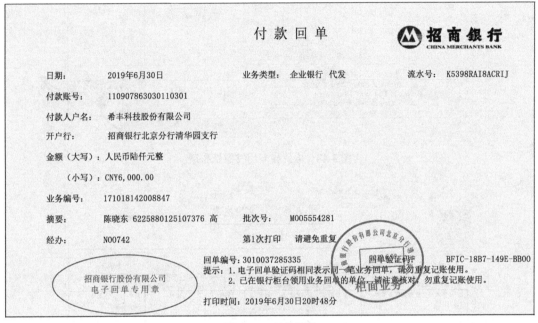

图3-46　付款回单

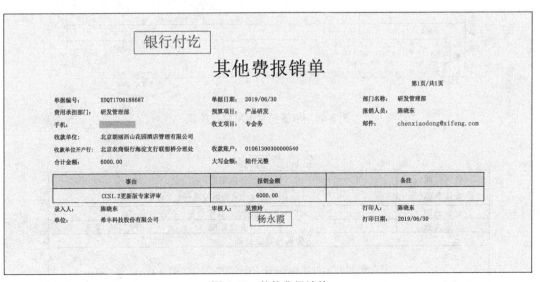

图3-47　其他费报销单

图 3-48 增值税专用发票抵扣联

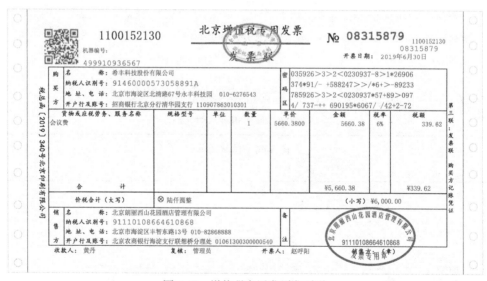

图 3-49 增值税专用发票发票联

会议费明细

会议时间	2019-06-30	会议地点	朗丽西山花园酒店
会议名称		CCS1.2更新版专家评审	
会议范围		CCS1.2产品团队、技术骨干、行业专家	
会议人数	20	会议标准	6000元/半天
会议内容及目的			
行业专家对CCS1.2产品行业设计思路及相关内容进行审定			

图 3-50 会议费明细

经济业务 15：新产品的外部检测（软件测评中心评测）

业务描述：6月25日，研发二部测试工程师谢乔鹏提交其部门上月研发完成的软件产品 IRV2.1 至工业和信息化部计算机与微电子发展研究中心（中国软件评测中心）进行检测，支付检测费用。

原始单据有付款回单，其他费报销单，增值税专用发票抵扣联、发票联（如图 3-51～图 3-54 所示）。

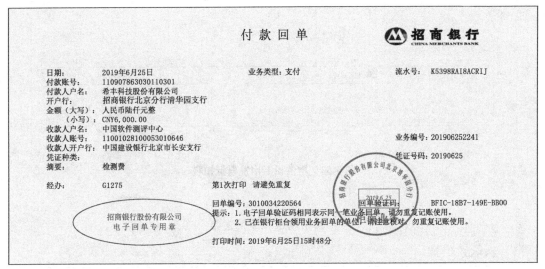

图 3-51　付款回单

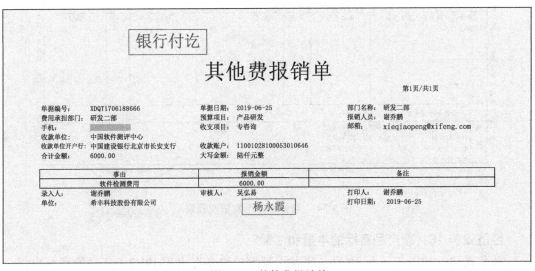

图 3-52　其他费报销单

图 3-53 增值税专用发票抵扣联

图 3-54 增值税专用发票发票联

经济业务 16：新产品商标的申报和注册

业务描述：2019 年 6 月 30 日，研发管理部的许冬冬办理 IRV2.1 产品的商标申报，委托某知识产权代理公司代为办理商标申报和注册事宜。

原始单据有付款回单，其他费报销单，增值税专用发票抵扣联、发票联（如图 3-55～图 3-58 所示）。

3 高新软件行业的经济业务活动

图 3-55 付款回单

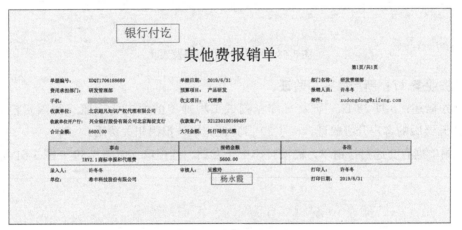

图 3-56 其他费报销单

图 3-57 增值税专用发票抵扣联

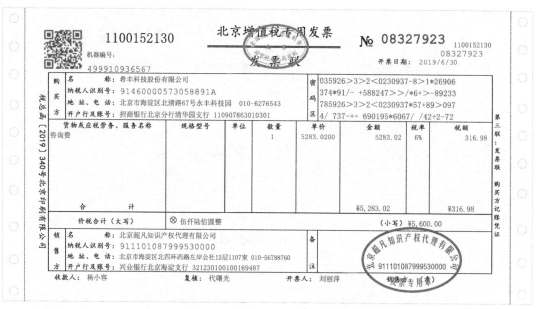

图 3-58 增值税专用发票发票联

经济业务 17：新产品客户验证

业务描述：6 月 28 日，研发三部派测试工程师曾韵恒去北京盟三有限责任公司做 CCS1.2 升级版的客户升级验证，6 月 29 日验证完毕，报销相关费用。

原始单据有交通费报销单，滴滴打车电子发票、行程单（如图 3-59～图 3-61 所示）。

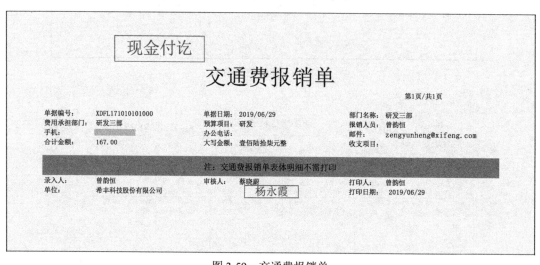

图 3-59 交通费报销单

		天津增值税电子普通发票				发票代码：	012001700111		
						发票号码：	13354553		
						开票日期：	2019年6月28日		
						校验码：	71717 27467 23591 73955		
机器编号：661620039570									
购买方	名称：	希丰科技股份有限公司				密码区	035926＞3＞2＜0230937-8＞1*26906 374*91/- ++588247＞＞/*6+＞-89233 785926＞3＞2＜0230937*57+89＞097 4/ 737-++ 690195*6067/ /42+2-72		
	纳税人识别号：	91460000573058891A							
	地址、电话：	北京市海淀区北清路67号永丰科技园 010-6276543							
	开户行及账号：	招商银行北京分行清华园支行 110907863010301							
货物或应税劳务、服务名称		规格型号	单位	数量	单价		金额	税率	税额
客运服务费		无	次	1.00	162.1400		162.14	3%	4.86
合计							¥162.14		¥4.86
价税合计（大写）		⊗ 壹佰陆拾柒元整					（小写）¥167.00		
销售方	名称：	滴滴出行科技有限公司				备注			
	纳税人识别号：	911201163409833307							
	地址、电话：	天津市经济纪要开发区南港工业区综合服务办公楼C座103室 022-59002850							
	开户行及账号：	招商银行股份有限公司天津自由贸易试验区分行122905939910401							
收款人：李文丽			复核：王磊			开票人：牛蕊			

图 3-60 滴滴打车电子发票

滴滴出行-行程单

DIDI TRAVAL-TRIP TABLE

姓名 <u>欧阳冲</u>　　　　　工号 <u>　　　　　</u>　　　　部门 <u>研发三部</u>

申请日期：2019-06-29　　　　　行程时间：2019-06-28至2019-06-29
行程人手机号：　　　　　　　　共4笔行程，合计257.16元

序号	车型	上车时间	城市	起点	终点	里程（公里）	金额（元）	备注
1	快车	06-10 21：05	北京市		天通苑西二区	22.5	62.16	
2	专车	06-12 21：06	北京市		天通苑	23.5	65.50	
3	专车	06-17 21：07	北京市		天通苑	23.0	64.00	
4	专车	06-19 21：08	北京市		天通苑	25.5	65.50	

图 3-61 滴滴打车行程单

经济业务 18：发版配套的资料制作与印刷

业务描述：6月30日，研发管理部委托文印店印刷软件的发版说明、使用手册等，许冬冬报销印刷费用。

原始单据有其他费报销单，印刷费增值税专用发票抵扣联、发票联（如图3-62～图3-64所示）。

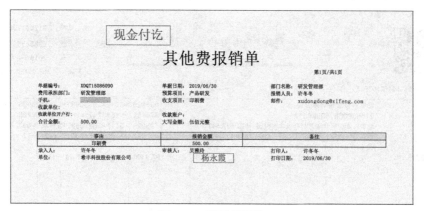

图 3-62　费用报销单

图 3-63　增值税专用发票抵扣联

图 3-64　增值税专用发票发票联

经济业务 19：刻制发版盘

业务描述：6月30日，研发三部的曾韵恒从企管部领用10张光盘，用于刻制产品发版盘，领用60个U盘（16GB），用于制作CCS1.2的产品加密狗。

原始单据为物资领用单（如图3-65所示）。

物资领用单

领用部门：研发三部　　　　　　　　　　　领用日期：2019年6月30日

物资名称	单位	数量	单价	金额	用途	备注
光盘	张	10			刻制发版盘	
U盘（16GB）	个	60			制作产品加密狗	
合计		70				

主管领导：蔡晓蔚　　　　　　领用人：曾韵恒　　　　　　物资管理员：王丽娜

图3-65　物资领用单

经济业务 20：产品发版庆祝会

经济业务：6月30日，CCS1.2更新版研发测试完毕，正式发版，研发三部全体员工举行发版庆祝会，蔡晓蔚报销聚会餐费。

原始单据有福利报销单、餐饮费增值税普通发票发票联（如图3-66、图3-67所示）。

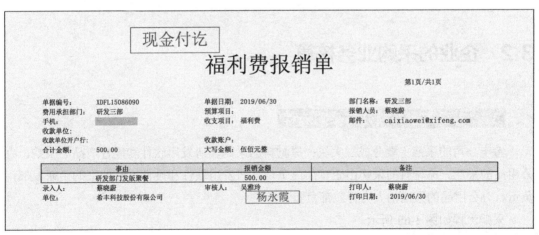

图3-66　福利报销单

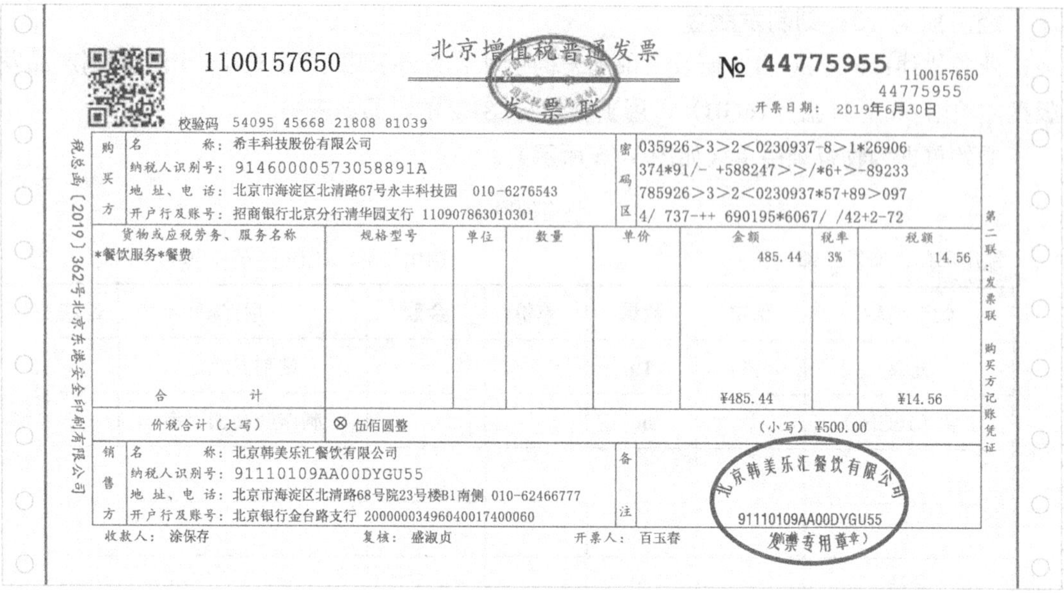

北京增值税普通发票

1100157650 № 44775955

1100157650
44775955

发票联

开票日期：2019年6月30日

校验码 54095 45668 21808 81039

购买方	名 称：希丰科技股份有限公司 纳税人识别号：91460000573058891A 地 址、电 话：北京市海淀区北清路67号永丰科技园 010-6276543 开户行及账号：招商银行北京分行清华园支行 110907863010301				密码区	035926>3>2<0230937-8>1*26906 374*91/- +588247>>/*6+>-89233 785926>3>2<0230937*57+89>097 4/ 737-++ 690195*6067/ /42+2-72

货物或应税劳务、服务名称	规格型号	单位	数量	单价	金额	税率	税额
*餐饮服务*餐费					485.44	3%	14.56
合 计					¥485.44		¥14.56
价税合计（大写）	⊗ 伍佰圆整				（小写）¥500.00		

销售方	名 称：北京韩美乐汇餐饮有限公司 纳税人识别号：91110109AA00DYGU55 地 址、电 话：北京市海淀区北清路68号院23号楼B1南侧 010-62466777 开户行及账号：北京银行金台路支行 20000003496040017400060	备注	北京韩美乐汇餐饮有限公司 91110109AA00DYGU55 发票专用章

收款人：涂保存 复核：盛淑贞 开票人：百玉春

税总函〔2019〕362号北京东港安全印刷有限公司

第二联：发票联 购买方记账凭证

图 3-67 增值税普通发票发票联

3.1.4 软硬一体产品研发业务

软硬一体产品的研发过程：产品调研—产品立项—硬件购买—产品开发—客户验证—发版上市。

和 3.1.3 软件产品研发的流程大体相同，只是在第三步增加了硬件产品的购买，产品开发是在特定的硬件产品上进行代码开发。

3.2 企业的采购业务核算

3.2.1 采购业务简介与采购流程

希丰公司的采购主要分成三大块：原材料的采购、研发用软件和硬件产品的采购、办公用品的采购。原材料的采购由企管部门负责，研发用软件和硬件产品的采购由研发部门负责、办公用品的采购由人力行政部负责。

采购流程如图 3-68 所示。

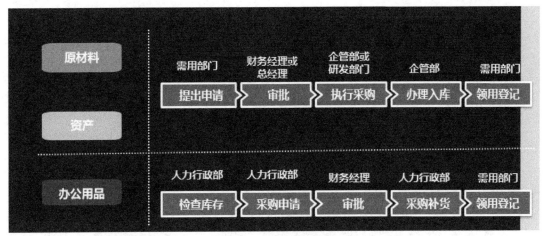

图 3-68 采购流程图

3.2.2 采购业务活动

经济业务 21：采购原材料和商品

业务描述：2019 年 6 月 13 日，研发管理部提交原材料和商品采购申请并经领导审核，企管部王丽娜根据审核后的申请单采购原材料和商品。原材料和商品已办理入库，发票已开具。款项 30 天后支付。

原始单据有增值税专用发票抵扣联、发票联和入库单（如图 3-69～图 3-71 所示）。

图 3-69 增值税专用发票抵扣联

1100153130　　北京增值税专用发票　　№ 08692342　1100153130　08692342

机器编号：499910936555　　发票联　　开票日期：2019年6月13日

购买方	名　　称：希丰科技股份有限公司 纳税人识别号：91460000573058891A 地 址、电 话：北京市海淀区北清路67号永丰科技园　010-6276543 开户行及账号：招商银行北京分行清华园支行 110907863010301				密码区	035926>3>2<0230937-8>1*26906 374*91/- +588247>>/*6+>-89233 785926>3>2<0230937*57+89>097 4/ 737-++ 690195*6067/ /42+2-72		
货物或应税劳务、服务名称	规格型号	单位	数量	单价	金额	税率	税额	
U盘16G	16G	个	50	27.7778	1388.89	13%	180.56	
U盘64G	64G	个	50	109.4017	5470.09	13%		
光盘		张	3000	4.2735	12820.51	13%		
产品包装盒		个	500	8.5470	4273.50	13%		
空白表单		套	100	1709.4017	170940.17	13%		
凭证打印纸		包	1000	18.3761	18376.07	13%		
合　　计					¥213,269.23		¥180.56	
价税合计（大写）	⊗贰拾肆万零玖佰玖拾肆圆贰角叁分				（小写）¥240,994.23			
销售方	名　　称：北京天畅亿源科技发展有限公司 纳税人识别号：91110108700309535G 地 址、电 话：北京市海淀区上地西路28号时代大厦A座4层　010-62962960 开户行及账号：中国银行北京上地支行345456022638				备注	911101087999530000		

收款人：陈蔓　　复核：王军燕　　开票人：陈蔓　　销售方：（章）

税总函〔2019〕340号北京印刷有限公司

第三联：发票联　购买方记账凭证

图 3-70　增值税专用发票发票联

希丰科技 2019 年 6 月原材料入库表

供应商	原材料名称	单位	数量	单价（不含税）（元）	金额（不含税）（元）
北京天畅亿源科技发展有限公司	U 盘（16G）	个	50	27.7778	1388.89
	U 盘（64G）	个	50	109.4017	5470.09
	光盘	张	3000	4.2735	12820.50
	产品包装盒	个	500	8.5470	4273.700
	空白表单	套	100	1709.4017	170940.15
	凭证打印纸	包	1000	18.3761	18376.10
合计					213269.23

图 3-71　入库单

经济业务 22：采购开发过程中用到的软件

业务描述：6 月 11 日，研发一部在研发 EPP3.0 过程中需要添加审计模块，由于缺乏自主开发专业人员，决定从市场上直接采购一款成熟的审计软件，将其功能整合到 EPP3.0 中。该软件产品已投入研发过程。

原始单据有外购商品成本报销单，采购增值税专用发票抵扣联、发票联，付款回单，采购合同（如图 3-72 ～图 3-76 所示）。

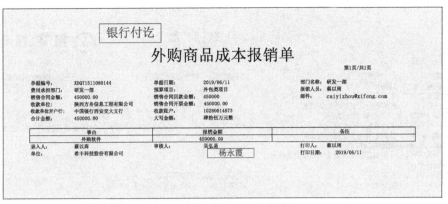

图 3-72　外购商品成本报销单

图 3-73　增值税专用发票抵扣联

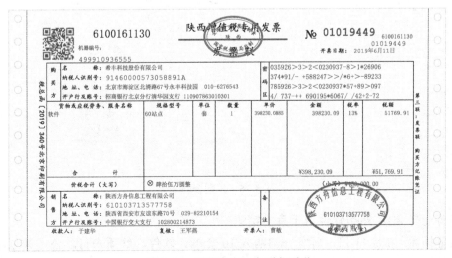

图 3-74　增值税专用发票发票联

图 3-75 付款回单

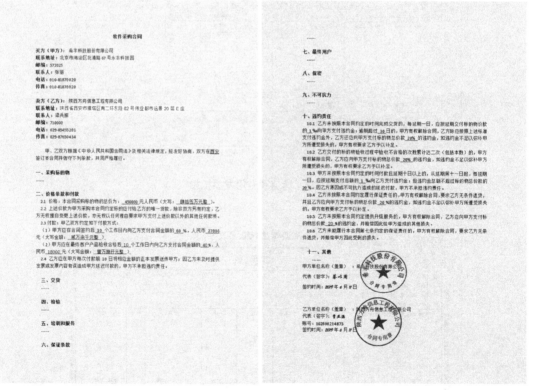

图 3-76 采购合同

经济业务 23：外购软件用于直接销售

业务描述：6月11日，研发一部购入10套审计软件，款项未付。公司计划将这10套软件同自主研发的软件搭配销售。

原始单据：同上笔业务。

经济业务24：采购开发过程中用到的硬件

业务描述：6月13日，研发三部研发的"财务助手－小蓝"产品，属于软硬一体产品，需要在硬件设备上开发软件代码，研发三部本月购买10套硬件设备并已投入研发。

原始单据有外购商品成本报销单、采购增值税专用发票抵扣联、发票联、采购合同（如图3-77～图3-80所示）。

图3-77 外购商品报销单

图3-78 增值税专用发票抵扣联

1100153130　　　　北京增值税专用发票　　　　№ 21989972　1100153130

机器编号：　　　　　　　　发票联　　　　　　　　21989972

499910936555　　　　　　　　　　　　　　　　开票日期：2019年6月13日

购买方	名　　称：希丰科技股份有限公司 纳税人识别号：91460000573058891A 地 址、电 话：北京市海淀区北清路67号永丰科技园 010-6276543 开户行及账号：招商银行北京分行清华园支行 110907863010301	密码区	035926>3>2<0230937-8>1*26906 374*91/- +588247>>/*6+>-89233 785926>3>2<0230937*57+89>097 4/ 737-++ 690195*6067/ /42+2-72

货物或应税劳务、服务名称	规格型号	单位	数量	单价	金额	税率	税额
机器人硬件		套	10	5309.7345	53097.35	13%	6902.65
合　　计					¥53,097.35		¥6,902.65
价税合计（大写）	⊗ 陆万圆整				（小写）¥60,000.00		

销售方	名　　称：北京国信神州科技有限公司 纳税人识别号：110103713577735 地 址、电 话：北京市海淀区双清路3号3102室 010-62958548 开户行及账号：农商银行东升支行0406000103000015805	备注	

收款人：李丽霞　　复核：刘荣辉　　开票人：方乾高　　销售方：（章）

税总函〔2015〕340号北京印制有限公司

第三联：发票联　购买方记账凭证

图 3-79　增值税专用发票发票联

硬件采购合同

甲方（买方）：希丰科技股份有限公司

地址：海淀区北清路 67 号永丰科技园

电话：029-81870020

乙方（卖方）：北京国信神州科技有限公司

地址：北京市海淀区双清路 3 号 3102 室

电话：010-62958548

甲、乙双方本着自愿、公平和诚实守信的原则，经充分协商达成一致，就甲方向乙方订购本合同约定的产品达成如下协议，以兹双方共同遵守。

一、产品的名称、原厂商、型号、数量、金额

序号	名称	原厂商	型号	数量	单价（含税）	金额（含税）
1	机器人硬件	国信神州	LS-7565	10	6000.00	60000.00
合计：		人民币（大写）：陆万元整（¥ 60000.00 ）				
备注：		合同总金额包括：产品价格以及与产品相关的包装、运输、保险、运费、保修、售后服务。上述价格为甲方在本合同项下应向乙方支付的最终价格。				

二、产品的质量标准

2.1 乙方保证按本合同约定提供给甲方的产品是全新的，且型号、数量与第一条一致，并为原厂商正品。

2.2 乙方应根据本合同约定提供产品，且应符合合同约定的质量、规格及其他要求。如合同未就产品的质量、规格等予以明确约定，则应符合国家标准。如无国家标准，则应符合行业标准；如无行业标准，应达到符合本合同目的的标准并具备乙方产品说明书所声称的功能。

三、付款方式

3.1 自产品验收并调试合格之日起 7 日内，甲方向乙方支付本合同总金额的 100 %，即人民币 60000.00 元(大写：陆万元整)，同时乙方向甲方开具同等金额的发票

四、交货时间和方式

………

五、备品备件

………

六、验收及风险转移

………

七、安装、调试、培训

………

八、质量保证

………

九、产品权利保证

第 1 页 共 2 页

………

十、保密

………

十一、违约责任

11.1 甲方的违约责任：

11.1.1 甲方无正当理由延期付款的，每逾期一日，应向乙方支付延迟付款部分 0.5 %的违约金，但违约金总额不超过合同总金额的 5 %。

11.2 乙方的违约责任：

11.2.1 乙方未按合同约定日期交付产品或未按时提供质量保证与售后服务时，每延迟一日，应向甲方支付合同总额 0.5 %的违约金，同时承担甲方因此所受的损失。延迟交货或未按时提供质量保证与售后服务超过 15 日的，除按上述约定承担违约责任外，甲方有权解除本合同。

11.2.2 乙方所交付产品与合同约定不符的，甲方有权要求退货和换货，由此产生的费用和损失由乙方承担。

11.2.3 乙方违反第 4.4 条的约定，采用了不充分、不适当或不妥善的防护措施而造成产品任何损坏的，乙方应根据甲方的要求给予免费更换，并应负担由此产生的一切费用和损失。

11.3 不可抗力导致合同无法履行的，甲、乙双方均不承担违约责任，应重新协商并修改合同。

11.4 本合同中约定的其他违约责任。

十二、争议解决

………

十三、其他

………

（以下无正文）

甲方：希丰科技股份有限公司
地址：海淀区北清路67号永丰科技园
授权代表：蔡以简
电话：029-81870020

乙方：北京国信神州科技有限公司
地址：北京市海淀区双清路3号3102室
授权代表：刘荣辉
电话：010-62958548

第 2 页 共 2 页

图 3-80　采购合同

经济业务 25：外购硬件设备直接销售

业务描述：6月13日，研发三部购买戴尔服务器10台，每台含税单价55 000元，准备和其研发的软件产品配套销售。

原始单据有外购商品成本报销单，采购增值税专用发票抵扣联、发票联，采购合同（如图3-81～图3-84所示）。

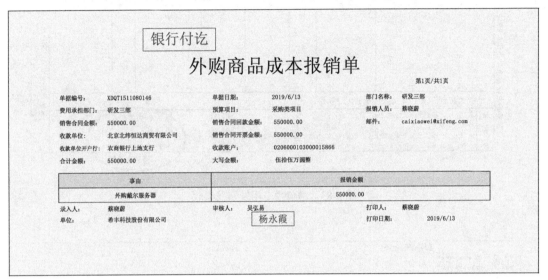

图3-81 外购商品成本报销单

图3-82 增值税专用发票抵扣联

图 3-83　增值税专用发票发票联

图 3-84　采购合同

经济业务 26：采购办公用品

业务描述：6月8日，人力行政部王钰涛报销购买办公用品的费用。

原始单据有其他费报销单、增值税普通发票、销货清单、付款回单（如图3-85～图3-88所示）。

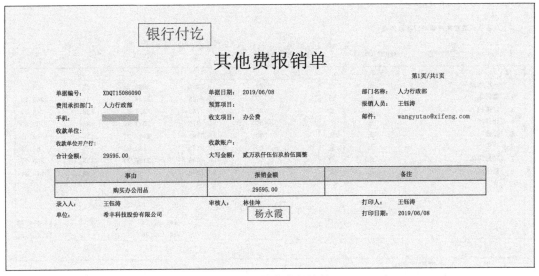

图 3-85　其他费报销单

图 3-86　增值税普通发票

销售货物或提供应税劳务、服务清单

购买方名称：希丰科技股份有限公司

销售方名称：天津京东海荣商贸有限公司

所属增值税电子普通发票代码：12001700211　　号码：38504927　　共 1 页 第 1 页

序号	货物(劳务)名称	规格型号	单位	数量	单价	金额	税率	税额
1	一次性纸杯	无	包	50	16.7256	836.28	13%	108.72
2	笔记本	无	包	100	26.5486	2654.86	13%	345.13
3	订书机	无	个	100	13.2743	1327.43	13%	172.57
4	计算器	无	个	100	60.1770	6017.70	13%	782.30
5	胶棒	无	盒	500	16.8141	8407.07	13%	1092.92
6	曲别针	无	盒	50	10.6195	530.97	13%	69.03
7	A4打印纸	无	箱	50	106.1948	5309.74	13%	690.27
8	签字笔	无	盒	50	22.1240	1106.20	13%	143.81
小计						¥26,190.26		¥3,404.73
总计						¥26,190.26		¥3,404.73

备注：

销售方(章)：天津京东海荣贸易有限公司　91120110MA07C4747P　发票专用章

填开日期：2019 年 6 月 08 日

图 3-87　销货清单

付款回单　招商银行 CHINA MERCHANTS BANK

日期：	2019年6月08日
付款账号：	110907863010301
付款人户名：	希丰科技股份有限公司
开户行：	招商银行北京分行清华园支行
金额（大写）：	人民币贰万玖仟伍佰玖拾伍元整
金额（小写）：	CNY29,595.00
业务编号：	151008090224994
摘要：	王钰涛 8225880157873275 高
经办：	N00742

业务类型：企业银行 代发　　流水号：K02805RB09AAPNJ

批次号：M005705920

第1次打印 请避免重复

回单编号：3010038016619　　回单验证码：2F62-5605-31AB-3803

提示：1. 电子回单验证码相同表示同一笔业务回单，请勿重复记账使用。
　　　2. 已在银行柜台领用业务回单的面业，请注意核对，勿重复记账使用。

打印时间：2019年6月08日13时48分

招商银行股份有限公司　电子回单专用章　2019.6.08

图 3-88　付款回单

3.3 销售业务核算

3.3.1 软件企业收入的类型和收入的确认

1. 软件公司形成收入的主要业务类型

（1）销售软件使用许可证来形成收入。这种销售方式类似于其他行业的商品销售。软件产品是一种包含知识产权的无形资产，其所有权几乎不会对外销售。然而，软件开发公司作为软件产品知识产权的所有权人，会向其客户发放使用该软件产品的许可证。通常软件产品的使用会通过以下四种方式加以限制：①限定使用期限为几个月或几年；②限定使用者的数量或限定软件程序的运行次数；③限定在特定的用户；④规定不可转让条款。

（2）以项目形式提供"软件+硬件""软件+硬件+服务"的业务来形成收入。软件公司通过将软件产品与硬件、安装、调试、系统整合集成或与其他类型的服务中的一项或多项合并打包，一起销售给最终用户。

（3）提供软件开发业务形成收入。软件公司单独为某个客户定制开发软件，并签订软件开发合同。

（4）为客户提供所销售软件的售后运维服务来形成收入。服务内容主要有以下几种：①系统使用培训；②在客户使用软件过程中提供的电话或在线服务；③为客户提供现场售后服务，包括对代码或设计上的错误进行修正；④产品升级服务。

2. 软件公司收入的确认

（1）"销售软件使用许可证来形成收入"，其收入确认点是在软件安装测试完毕，可以正常使用后，客户开出验收确认单，公司开给客户销售发票，确认销售收入。

（2）"提供'软件+硬件''软件+硬件+服务'的业务来形成收入"，其收入一般是在所有的软硬件都安装测试完成，软硬件都可以正常使用后，客户开出验收确认单，公司开给客户销售发票，据此确认销售收入。

（3）"提供软件开发业务形成收入"，这类业务有的周期短，有的周期长，周期短的收入确认方式同（1），周期长的（比如超过一年），可以用（1）的方式，也可以按合同履约进度确认收入。

（4）"为客户提供所销售软件的售后运维服务来形成收入"，此类收入一般是按次数或工时确认。比如提供上门解决软件问题的服务，按 2000 元/人·天收费，售后工程师提供售后服务工时单，公司开出劳务的销售发票，确认劳务收入。

3.3.2 软件企业的销售流程

销售流程：售前打单—销售洽谈—签订合同—销售发货—产品安装与客户验证—售后服务。

3.3.3 软件企业销售经营活动

1. 售前市场宣传与售前方案打单

经济业务 27：新产品市场宣传资料制作

业务描述：2019 年 6 月 27 日，直销管理部向某印刷公司定制印刷新产品 CCS1.2 升级版的市场宣传手册，许嘉莹报销印刷费用。

原始单据有其他费报销单，付款回单，印刷费增值税专用发票抵扣联、发票联，采购合同（如图 3-89～图 3-93 所示）。

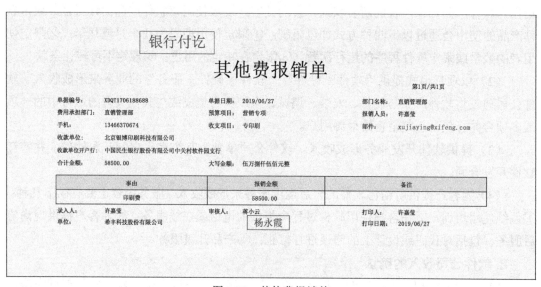

图 3-89　其他费报销单

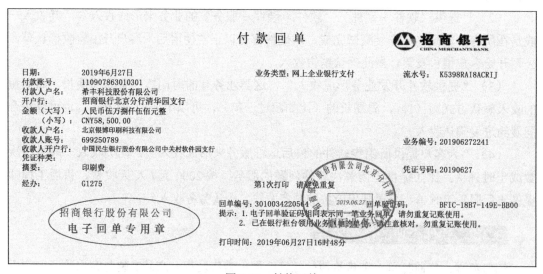

图 3-90　付款回单

北京增值税专用发票

1100171130　　　　№ 12884483　1100171130　12884483

机器编号：499910936555

抵扣联

开票日期：2019年6月27日

税总函〔2015〕340号北京印刷有限公司

购买方	名　　称：希丰科技股份有限公司 纳税人识别号：91460000573058891A 地 址、电 话：北京市海淀区北清路67号永丰科技园　010-6276543 开户行及账号：招商银行北京分行清华园支行 110907863010301	密码区	035926>3>2<0230937-8>1*26906 374*91/- +588247>>/*6+>-89233 785926>3>2<0230937*57+89>097 4/ 737-++ 690195*6067/ /42+2-72

货物或应税劳务、服务名称	规格型号	单位	数量	单价	金额	税率	税额
印刷费			1	56796.1200	56796.12	3%	1703.88
合　　计					¥56,796.12		¥1,703.88
价税合计（大写）	⊗伍万捌仟伍佰圆整				（小写）¥58,500.00		

销售方	名　　称：北京银博印刷科技有限公司 纳税人识别号：91110228MA00ACQMXA 地 址、电 话：北京市海淀区西北旺冷泉西山林语32-1-302 82460338 开户行及账号：中国民生银行股份有限公司中关村软件园支行699250789	备注	北京银博印刷科技有限公司 91110228MA00ACQMXA 发票专用章

收款人：　　　复核：　　　开票人：管理员　　　销售方：（章）

第二联：抵扣联　购买方扣税凭证

图 3-91　增值税专用发票抵扣联

北京增值税专用发票

1100171130　　　　№ 12884483　1100171130　12884483

机器编号：499910936555

发票联

开票日期：2019年6月27日

税总函〔2015〕340号北京印刷有限公司

购买方	名　　称：希丰科技股份有限公司 纳税人识别号：91460000573058891A 地 址、电 话：北京市海淀区北清路67号永丰科技园　010-6276543 开户行及账号：招商银行北京分行清华园支行 110907863010301	密码区	035926>3>2<0230937-8>1*26906 374*91/- +588247>>/*6+>-89233 785926>3>2<0230937*57+89>097 4/ 737-++ 690195*6067/ /42+2-72

货物或应税劳务、服务名称	规格型号	单位	数量	单价	金额	税率	税额
印刷费			1	56796.1200	56796.12	3%	1703.88
合　　计					¥56,796.12		¥1,703.88
价税合计（大写）	⊗伍万捌仟伍佰圆整				（小写）¥58,500.00		

销售方	名　　称：北京银博印刷科技有限公司 纳税人识别号：91110228MA00ACQMXA 地 址、电 话：北京市海淀区西北旺冷泉西山林语32-1-302 82460338 开户行及账号：中国民生银行股份有限公司中关村软件园支行699250789	备注	北京银博印刷科技有限公司 91110228MA00ACQMXA 发票专用章

收款人：　　　复核：　　　开票人：管理员　　　销售方：（章）

第三联：发票联　购买方记账凭证

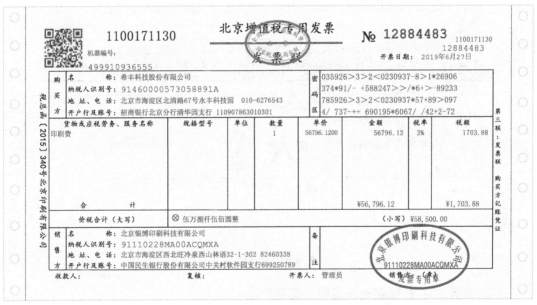

图 3-92　增值税专用发票发票联

采购合同

订单编号：HZ20170579

甲方：希丰科技股份有限公司
乙方：北京银博印刷科技股份有限公司
订货日期：2019年6月27日
要求到货日期：2019年7月2日

供货清单

产品名称	数量	单价（元）	小计
市场宣传手册	5500本	10.6364元/本	58500

总计：58500元人民币（大写：伍万捌仟伍佰元整）

收货地址： 北京 市 海淀 区 北清路68号新道大厦
发货方式：√汽运 □火车 □飞机 □快递 □其他：
备注：
1. 此订单应双方盖章，此订单传真件有效。
2. 此订单与硬件（设备）采购框架合同（合同编号为HZ20170579）为一体。
3. 除上述框架合同约定的验收标准外，本次采购的产品还必须符合以下要求： 无
4. 除上述框架合同约定的验收标准外，本次采购的产品还应提供以下售后服务： 无
5. 如发货数量比较多，请后续清单。

甲方： 希丰科技股份有限公司
乙方： 北京银博印刷科技股份有限公司
签订日期： 2019 年 6 月 25 日

图 3-93 采购合同

经济业务 28：在博鳌论坛宣传公司新产品

业务描述：6月25日，"2019年中国企业家博鳌论坛"召开，直销管理部与传播公司签订合约，在论坛召开期间宣传公司产品，直销管理部陈聪颖报销本次宣传费用。

原始单据有付款回单，其他费报销单，宣传费增值税专用发票抵扣联、发票联，服务合同（如图3-94～图3-98所示）。

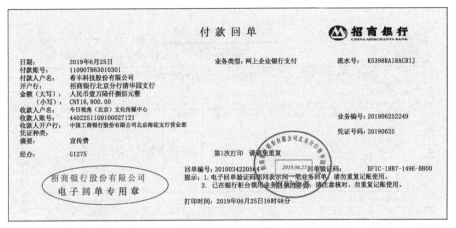

图 3-94　付款回单

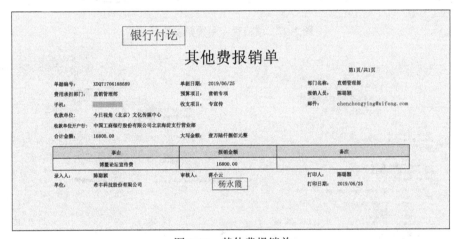

图 3-95　其他费报销单

图 3-96　增值税专用发票抵扣联

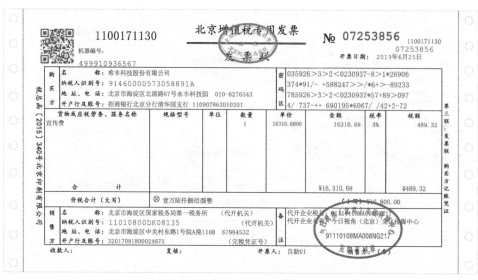

图 3-97 增值税专用发票发票联

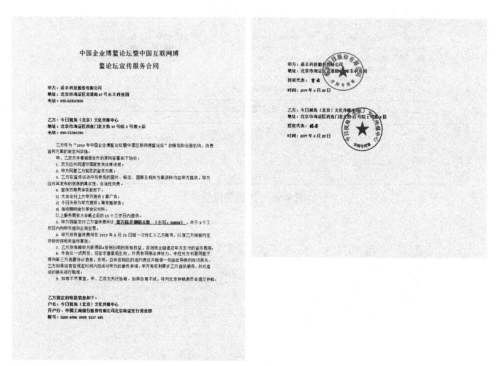

图 3-98 服务合同

经济业务 29：分销伙伴业务拓展大会

业务描述：6月15日，分销管理部为了业务拓展，在成都召开分销伙伴大会，会议结束后，庄嘉博报销本次活动费用。

原始单据有付款回单，其他费报销单，会务费增值税专用发票抵扣联、发票联、餐费、印刷费增值税普通发票，印刷费明细单，滴滴打车电子发票、行程单、高速路发票，食品发票，会议费明细单（如图 3-99～图 3-110 所示）。

图 3-99　付款回单

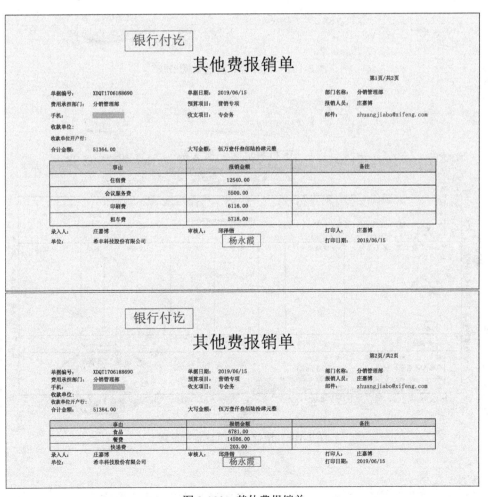

图 3-100　其他费报销单

5109152130　　**四川增值税专用发票**　　№ 00219563

5109152130
00219563

机器编号：499910936567　　开票日期：2019年6月15日

购买方	名　　称：希丰科技股份有限公司 纳税人识别号：91460000573058891A 地 址、电 话：北京市海淀区北清路67号永丰科技园　010-6276543 开户行及账号：招商银行北京分行清华园支行　110907863010301	密码区	035926>3>2<0230937-8>1*26906 374*91/- +588247>>/*6+>-89233 785926>3>2<0230937*57+89>097 4/ 737-++ 690195*6067/ /42+2-72

货物或应税劳务、服务名称	规格型号	单位	数量	单价	金额	税率	税额
会务费			1	17018.8700	17018.87	6%	1021.13
合　　计					¥17,018.87		¥1,021.13
价税合计（大写）	⊗壹万捌仟零肆拾圆整				（小写）¥18,040.00		

销售方	名　　称：成都金堂恒大酒店有限公司 纳税人识别号：91510121064338748E 地 址、电 话：金堂县金凤路555号　028-84588888 开户行及账号：工商银行金堂广场支行　4402251109100027121	备注	成都金堂恒大酒店有限公司 91510121064338748E 发票专用章

收款人：程菁　　复核：王玲　　开票人：李华　　销售方：（章）

税总函〔2019〕340号北京印制有限公司

第二联：抵扣联　购买方扣税凭证

图 3-101　增值税专用发票抵扣联

5109152130　　**四川增值税专用发票**　　№ 00219563

发票联

5109152130
00219563

机器编号：499910936567　　开票日期：2019年6月15日

购买方	名　　称：希丰科技股份有限公司 纳税人识别号：91460000573058891A 地 址、电 话：北京市海淀区北清路67号永丰科技园　010-6276543 开户行及账号：招商银行北京分行清华园支行　110907863010301	密码区	035926>3>2<0230937-8>1*26906 374*91/- +588247>>/*6+>-89233 785926>3>2<0230937*57+89>097 4/ 737-++ 690195*6067/ /42+2-72

货物或应税劳务、服务名称	规格型号	单位	数量	单价	金额	税率	税额
会务费			1	17018.8700	17018.87	6%	1021.13
合　　计					¥17,018.87		¥1,021.13
价税合计（大写）	⊗壹万捌仟零肆拾圆整				（小写）¥18,040.00		

销售方	名　　称：成都金堂恒大酒店有限公司 纳税人识别号：91510121064338748E 地 址、电 话：金堂县金凤路555号　028-84588888 开户行及账号：工商银行金堂广场支行　4402251109100027121	备注	成都金堂恒大酒店有限公司 91510121064338748E 发票专用章

收款人：程菁　　复核：王玲　　开票人：李华　　销售方：（章）

税总函〔2019〕340号北京印制有限公司

第三联：发票联　购买方记账凭证

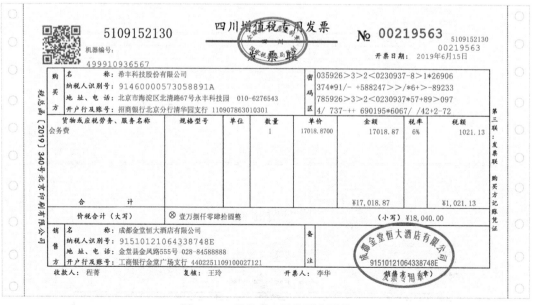

图 3-102　增值税专用发票发票联

四川增值税普通发票

5100157650　　№ 20569854　5100157650 20569854

开票日期：2019年6月15日

校验码 14095 22291 29909 23384

购买方	名　　称：希丰科技股份有限公司 纳税人识别号：91460000573058891A 地址、电话：北京市海淀区北清路67号永丰科技园 010-6276543 开户行及账号：招商银行北京分行清华园支行 110907863010301	密码区	035926>3>2<0230937-8>1*26906 374*91/- +588247>>/*6+>-89233 785926>3>2<0230937*57+89>097 4/ 737-++ 690195*6067/ /42+2-72

货物或应税劳务、服务名称	规格型号	单位	数量	单价	金额	税率	税额
餐费					2264.15	6%	135.85
合　　计					¥2,264.15		¥135.85
价税合计（大写）	⊗贰仟肆佰圆整				（小写）¥2,400.00		

销售方	名　　称：成都金堂恒大酒店有限公司 纳税人识别号：91510121064338748E 地址、电话：金堂县金凤路555号 028-84588888 开户行及账号：工商银行金堂广场支行 4402251109100027121	备注	

收款人：程菁　　复核：王玲　　开票人：李华　　销售方：（章）

税总函〔2015〕362号北京东港安全印刷有限公司

第二联：发票联　购买方记账凭证

图 3-103　餐费增值税普通发票

四川增值税普通发票

5100197650　　№ 20569854　5100197650 20569854

开票日期：2019年6月15日

校验码 72466 45668 21808 23384

购买方	名　　称：希丰科技股份有限公司 纳税人识别号：91460000573058891A 地址、电话：北京市海淀区北清路67号永丰科技园 010-6276543 开户行及账号：招商银行北京分行清华园支行 110907863010301	密码区	035926>3>2<0230937-8>1*26906 374*91/- +588247>>/*6+>-89233 785926>3>2<0230937*57+89>097 4/ 737-++ 690195*6067/ /42+2-72

货物或应税劳务、服务名称	规格型号	单位	数量	单价	金额	税率	税额
印刷费					5937.86	3%	178.14
合　　计					¥5,937.86		¥178.14
价税合计（大写）	⊗陆仟壹佰壹拾陆圆整				（小写）¥6,116.00		

销售方	名　　称：成都汉储广告有限公司 纳税人识别号：510198057451216 地址、电话：成都市锦江区二环路五段库玛城4栋1单元1004号 开户行及账号：工商银行成都市锦江区二环路支行 622027885146596223	备注	

收款人：徐晓彤　　复核：张静　　开票人：李鹏　　销售方：（章）

税总函〔2015〕362号北京东港安全印刷有限公司

第二联：发票联　购买方记账凭证

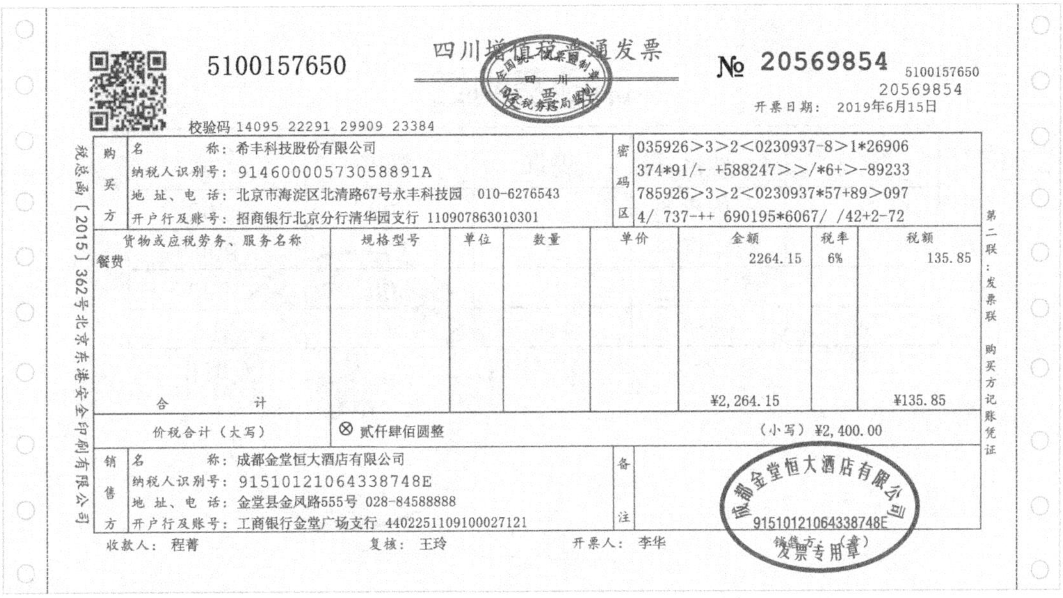

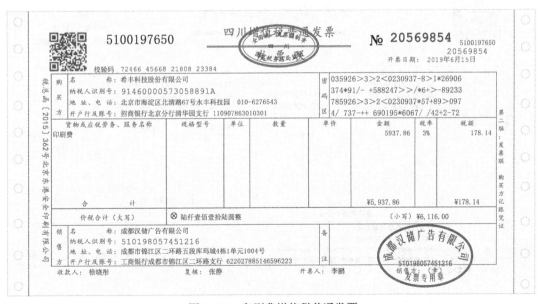

图 3-104　印刷费增值税普通发票

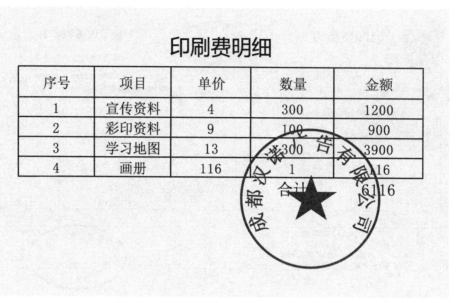

图 3-105　印刷费明细单

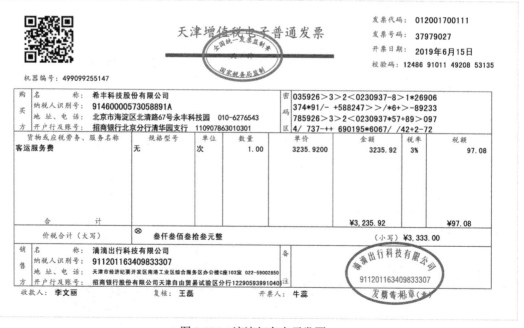

图 3-106　滴滴打车电子发票

滴滴出行-行程单
DIDI TRAVAL-TRIP TABLE

姓名 _____   工号 _____   部门 _____

申请日期：2019-06-15   行程时间：2019-06-12至2019-06-15
行程人手机号：18935127286   共12笔行程，合计3333.00元

序号	车型	上车时间	城市	起点	终点	里程（公里）	金额（元）	备注
1	快车	6-12	成都市	T1-停车场旗杆右侧	恒大御景半岛	69.1	175.70	
2	专车	6-13	成都市	恒大半岛御景	成都双流国际机场	70.3	241.70	
3	专车	6-14	成都市	双流机场T2	恒大酒店（金堂酒店）	88.8	283.10	
4	专车	6-14	成都市	双流机场T2	恒大酒店（金堂酒店）	88.8	283.10	
5	专车	6-14	成都市	双流机场T1	恒大酒店（金堂酒店）	170.0	413.20	
6	专车	6-14	成都市	双流机场T1	恒大酒店（金堂酒店）	171.0	418.30	
7	专车	6-14	成都市	双流机场	恒大酒店（金堂酒店）	70.4	250.40	
8	专车	6-14	成都市	双流机场T1	恒大酒店（金堂酒店）	170.3	448.30	
9	专车	6-14	成都市	双流机场T1	恒大酒店（金堂酒店）	171.7	448.50	
10	专车	6-14	成都市	恒大御景半岛	海悦酒店	50.8	131.20	
11	专车	6-15	成都市	双流机场T2	恒大酒店（金堂酒店）	70.5	230.50	
12	快车	6-15	成都市	恒大酒店-国际会议中心	永辉超市	1.8	9.00	

图3-107 滴滴打车行程单

图3-108 高速路发票

图 3-109 食品发票

会议费明细单

会议时间	2019年06月10日至15日	会议地点	成都金堂恒大酒店
会议名称	2019年希丰全国伙伴工作委第一次工作大会		
会议范围	伙伴工作委全体委员、秘书处、伙伴公司业务骨干、对应机构总经理		
会议人数	34	会议标准	369.52元/人/天
会议内容及目的			
伙伴政策解读、核心伙伴年度工作计划审定、伙伴业务发展研讨、伙伴专项能力提升			

图 3-110 会议费明细单

经济业务30：售前工程师去客户处宣讲产品方案，进行售前打单

业务描述：6月17日，直销管理部售前工程师邹南征前往长春，向有意向客户讲解产品方案，进行售前打单，归来报销其出差费用。

原始单据有差旅费报销单、住宿费发票、住宿明细单、出租车发票、付款回单（如图 3-111～图 3-115 所示）。

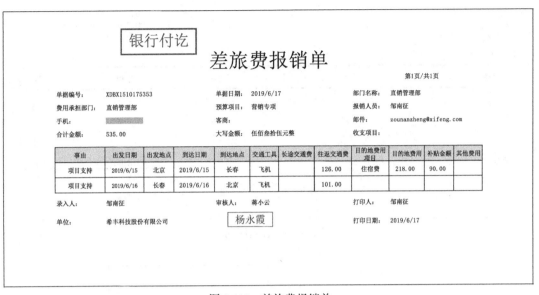

图 3-111　差旅费报销单

图 3-112　住宿费发票

卡斯顿精品酒店结账单

姓　名：	邹南征		房　号：	1005
证件号：			到店日期：	2019/6/15 20:56:18
订单号：	F1714310018		离店日期：	2019/6/16 11:51:42

页号：　1/1

日期	摘要	账单号	时间	消费	付款
6/15	房费 1005	GSJ	00:00	218.00	

收款员：	CHX	TIME 13:17:32	总额	218.00	0.00
			余额	218.00	

图 3-113　住宿明细单

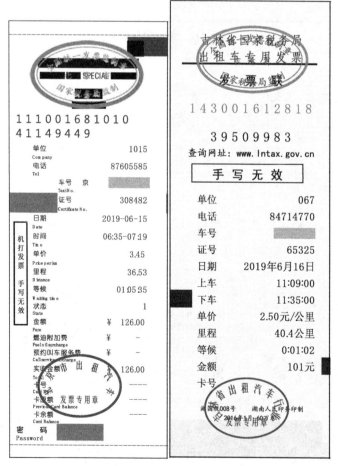

图 3-114　出租车发票

3　高新软件行业的经济业务活动

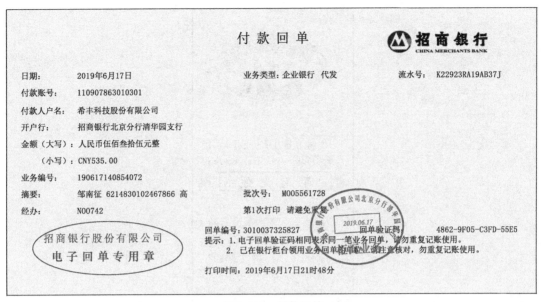

图3-115　付款回单

2. 销售洽谈与客户考察

经济业务31：分公司人员拜访客户，进行销售洽谈

业务描述：6月18日，直销北方区销售专员周雄林拜访售前打单的客户，进一步沟通合作意向。

原始单据有交通费报销单、出租车发票、付款回单（如图3-116～图3-118所示）。

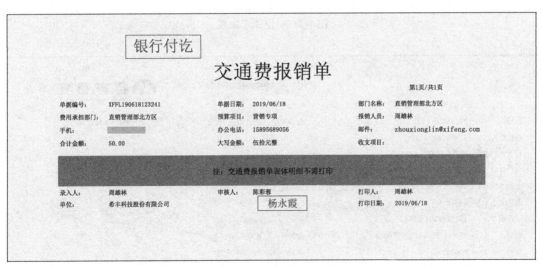

图3-116　交通费报销单

图 3-117　出租车发票

图 3-118　付款回单

经济业务 32：客户来公司实地考察，直销管理部负责业务宣传与招待

业务描述：6 月 20 日，意向合作企业相关人员来公司实地考察，直销管理部的林炜伦负责安排专家和领导与对方进行业务洽谈。

原始单据有招待费报销单、餐费普通发票、付款回单（如图 3-119～图 3-122 所示）。

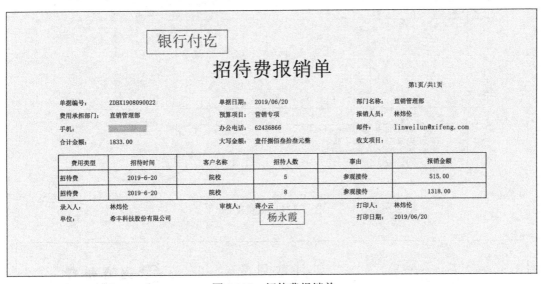

图 3-119　招待费报销单

图 3-120　餐费普通发票

图 3-121 餐费发票

图 3-122 付款回单

3. 合同签订与销售发货

经济业务 33：自产软件产品销售，客户为公司法人

业务描述：5月份，吉林长白山股份有限公司和希丰签订 EPP2.0 的购买合同。6月22日，软件安装测试完毕，客户开具产品验收确认单，希丰据此开具销售发票并确认收入。

原始单据有增值税普通发票、产品出库单、产品验收确认单（如图3-123～图3-125所示）。

北京增值税普通发票

发票号码：No 03463949
发票代码：1100193320
开票日期：2019年6月22日
校验码：50326 42992 12630 95540

购买方	名称：吉林长白山股份有限公司 纳税人识别号： 地址、电话： 开户行及账号：

密码区：
035926>3>2<0230937-8>1*26906
374*91/- +588247>>/*6+>-89233
785926>3>2<0230937*57+89>097
4/ 737-++ 690195*6067/ /42+2-72

货物或应税劳务、服务名称	规格型号	单位	数量	单价	金额	税率	税额
EPP2.0	V1.0SP3	套	1	1769911.5044	1769911.50	13%	230088.50
合　　计					¥1,769,911.50		¥230,088.50

价税合计（大写）　⊗ 贰佰万圆整　　（小写）¥2,000,000.00

销售方	名称：希丰科技股份有限公司 纳税人识别号：91460000573058891A 地址、电话：北京市海淀区北清路67号永丰科技园 010-6276543 开户行及账号：招商银行北京分行清华园支行110907863010301

备注：希丰科技股份有限公司 91460000573058891A（发票专用章）

收款人：肖萌蕾　　复核：柯俊生　　开票人：许晨鹭

图 3-123　增值税普通发票

希丰公司 2019 年 6 月库存商品出库单

原材料名称	单位	数量	单价	金额
加密狗	个	100	—	—
安装光盘	个	1	—	—
产品包装盒	张	1	—	—
空白表单	套	1	—	—
凭证打印纸	包	100	—	—
印刷品	册	100	—	—
教辅材料	套	100	—	—
合计			—	—

图 3-124　产品出库单

软件验收确认单				
项目产品名称	EPP2.0		合同编号	
甲方验收人员	吉林长白山股份有限公司　张霞			
乙方验收人员	希丰科技股份有限公司　蔡载炜			
验收内容			（实现打√　没实现×）	
1.完成功能确认	1 文件（登录、注销、改密码、用户信息及配置、页面设置、打印预览、打印、退出功能）			√
	2 试图（工具栏、导航栏、状态栏）			√
	3 基本信息管理			√
	4 总账模式			√
	5 固定资产模块			√
	6 薪资管理模块			√
	7 报表系统			√
	8 通知/公告（消息系统、通知/公告）			√
	9 帮助（目录、搜索帮助主题、关于本程序）			√
2.软件（系统）安装调试是否与合同相符		是　√		不是
3.软件（系统）是否满足非功能要求		是　√		不是
4.软件（系统）的有关文档是否齐全		是　√		不是
软件验收单是否通过		通过　√		不通过
甲方验收人员签字盖章 张霞 （吉林长白山股份有限公司　印章） 2019年6月22日				乙方验收人员签字 蔡载炜 2019年6月22日

图 3-125　产品验收确认单

经济业务 34：自产软件产品销售，客户为行政单位

业务描述：6 月 23 日，北京市一家行政事业单位购买的软件产品 EPP2.0 产品验收完毕，客户开具产品验收确认单，公司据此开具销售发票并确认收入。

原始单据有增值税普通发票、产品出库单、产品验收确认单（如图 3-126～图 3-128 所示）。

北京增值税普通发票

发票号码：1100193320
No. 03463949
开票日期：2019年6月23日
校验码：50326 42992 12630 95540

购买方	名称：北京市环保监测中心
	纳税人识别号：
	地址、电话：
	开户行及账号：

货物或应税劳务、服务名称	规格型号	单位	数量	单价	金额	税率	税额
EPP2.0	V1.0SP3	套	1	1769911.5044	1769911.50	13%	230088.50
合　　计					¥1,769,911.50		¥230,088.50

价税合计（大写）：贰佰万圆整　　（小写）¥2,000,000.00

销售方	名称：希丰科技股份有限公司
	纳税人识别号：91460000573058891A
	地址、电话：北京市海淀区北清路67号永丰科技园 010-6276543
	开户行及账号：招商银行北京分行清华园支行110907863010301

收款人：肖萌蕾　　复核：柯俊生　　开票人：许晨鹭

销售方（章）：希丰科技股份有限公司 91460000573058891A 发票专用章

图 3-126　增值税普通发票

希丰公司 2019 年 6 月库存商品出库单

原材料名称	单位	数量	单价	金额
加密狗	个	100	—	—
安装光盘	个	1	—	—
产品包装盒	张	1	—	—
空白表单	套	1	—	—
凭证打印纸	包	100	—	—
合计			—	—

图 3-127　产品出库单

软件验收确认单		
项目产品名称	EPP2.0　合同编号	
甲方验收人员	北京市环保监测中心　陈来	
乙方验收人员	希丰科技股份有限公司　蔡载炜	
	验收内容	（实现打√ 没实现×）
1.完成功能确认	1 文件（登录、注销、改密码、用户信息及配置、页面设置、打印预览、打印、退出功能	
	2 试图（工具栏、导航栏、状态栏）	
	3 基本信息管理	
	4 总账模式	
	5 固定资产模块	
	6 薪资管理模块	
	7 报表系统	
	8 通知/公告（消息系统、通知/公告）	
	9 帮助（目录、搜索帮助主题、关于本程序）	
2.软件（系统）安装调试是否与合同相符	是 √	不是
3.软件（系统）是否满足非功能要求	是 √	不是
4.软件（系统）的有关文档是否齐全	是 √	不是
软件验收单是否通过	通过 √	不通过
甲方验收人员签字盖章 （北京市环保监测中心 印章） 陈来 2019年6月23日		乙方验收人员签字 蔡载炜 2019年6月23日

图3-128　产品验收确认单

经济业务35：软件产品的销售，客户为学校（学校为事业单位）

业务描述：6月23日，北京市职业技术学院购买的公司软件产品EPP2.0产品验收完毕，客户开具产品验收确认单，公司据此开具销售发票并确认收入。

原始单据有增值税普通发票、产品出库单、产品验收确认单（如图3-129～图3-131所示）。

3　高新软件行业的经济业务活动

北京增值税普通发票								
1100193320				No 03463950				
校验码 50326 42992 12630 95540				开票日期：2019年6月23日				
购买方	名　　称：	北京市职业技术学院			密码区	035926>3>2<0230937-8>1*26906 374*91/- +588247>>/*6+>-89233 785926>3>2<0230937*57+89>097 4/ 737-++ 690195*6067/ /42+2-72		
	纳税人识别号：							
	地　址、电　话：							
	开户行及账号：							
货物或应税劳务、服务名称	规格型号	单位	数量	单价		金　额	税率	税　额
EPP2.0	V1.0SP3	套	1	1769911.5044		1769911.50	13%	230088.50
合　　计						¥1,769,911.50		¥230,088.50
价税合计（大写）		⊗ 贰佰万圆整				（小写）¥2,000,000.00		
销售方	名　　称：	希丰科技股份有限公司			备注			
	纳税人识别号：	91460000573058891A						
	地　址、电　话：	北京市海淀区北清路67号永丰科技园 010-6276543						
	开户行及账号：	招商银行北京分行清华园支行110907863010301						
收款人：肖萌蕾		复核：柯俊生		开票人：许晨鹭				

图 3-129　增值税普通发票

希丰公司 2019 年 6 月库存商品出库单

原材料名称	单位	数量	单价	金额
加密狗	个	100	—	—
安装光盘	个	1	—	—
产品包装盒	张	1	—	—
空白表单	套	1	—	—
凭证打印纸	包	100	—	—
合计			—	—

图 3-130　产品出库单

软件验收确认单		
项目产品名称	EPP2.0	合同编号
甲方验收人员	北京市职业技术学院　徐杰	
乙方验收人员	希丰科技股份有限公司　蔡载炜	
验收内容		（实现打√　没实现×）
1.完成功能确认	1 文件（登录、注销、改密码、用户信息及配置、页面设置、打印预览、打印、退出功能）	√
	2 试图（工具栏、导航栏、状态栏）	√
	3 基本信息管理	√
	4 总账模式	√
	5 固定资产模块	√
	6 薪资管理模块	√
	7 报表系统	√
	8 通知/公告（消息系统、通知/公告）	√
	9 帮助（目录、搜索帮助主题、关于本程序）	√
2.软件（系统）安装调试是否与合同相符	是 √	不是
3.软件（系统）是否满足非功能要求	是 √	不是
4.软件（系统）的有关文档是否齐全	是 √	不是
软件验收单是否通过	通过 √	不通过
甲方验收人员签字盖章 徐杰 （北京市职业技术学院 盖章） 2019年6月23日	乙方验收人员签字 蔡载炜 2019年6月23日	

图3-131　产品验收确认单

经济业务36：软硬一体产品的销售，客户为公司法人

业务描述：5月份，与浙江肖特然铭有限公司签订销售合同，销售软硬一体商品"办公助手－小红" 8套，及配套的服务器2台。客户将硬件和软件全部安装测试完毕后开具验收确认单，6月23日，希丰公司依据验收确认单开具销售发票。

原始单据有销售发票（软硬件分别开票）、产品出库单、销售合同（如图3-132～图3-136所示）。

图 3-132 销售发票

图 3-133 销售发票

图 3-134 销售发票

希丰公司产品出库单

产品名称	计量单位	数量	单价	金额（元）
加密狗	个	40	—	—
安装光盘	个	1	—	—
产品包装盒	张	1	—	—
空白表单	套	1	—	—
凭证打印纸	包	40	—	—
机器人硬件	套	8	—	—
服务器	台	2	—	—
合计			—	—

图 3-135　产品出库单

图 3-136　销售合同

经济业务 37：货款回收业务

业务描述：6月28日，希丰公司收到上海家家乐有限公司的应收账款 138 000 元。原始单据为收款回单（如图 3-137 所示）。

图 3-137 收款回单

4. 售后服务财务核算
经济业务38：软件升级服务

业务描述：6月28日，北京市知然科技有限公司要求希丰公司将其之前购买的软件升级到最新版本。因为已过免费升级期限，所以此次升级收取升级服务费（升级服务费为新版本软件标准价格的20%）。

原始单据有软件服务增值税专用发票记账联（6%税率）、服务工作单（如图 3-138、图 3-139 所示）。

图 3-138　增值税专用发票记账联

现场技术服务工作单			
企业名称	北京市知然科技有限公司		
详细地址	北京市海淀区知春路65号汉鼎大厦303		
联系人	李蒙	联系方式	13910890034
服务人员	邱弘徽	服务人员职级	3B
任务受理日期	2019/6/28	任务完成日期	2019/6/28/
服务形式	技术咨询　　现场演示　　方案设计　　技术培训 安装调试　　故障处理　　系统升级√　　其他		
具体服务内容	将EPP1.0升级到2.0版本		
服务过程记录			
遗留问题记录			
对服务人员的评价	不满意　　　　一般　　　　良好　　　满意√　　　非常满意		
企业人员确认签名		日期	
服务人员确认签名		日期	

图 3-139　服务工作单

经济业务 39：软件的二次开发服务

业务描述：北京博晨科技有限公司是希丰公司的老客户，其在软件的使用过程中发现现有软件不能满足其特定需求。希丰提出可以按照其特定要求专门开发软件功能，6月25日，双方达成二次开发协议，开发时间为2个月，博晨公司先支付开发费用的20%，待开发完成且验证完毕后再支付余下的费用。

原始单据有银行收款回单和二次开发协议（如图3-140、图3-141所示）。

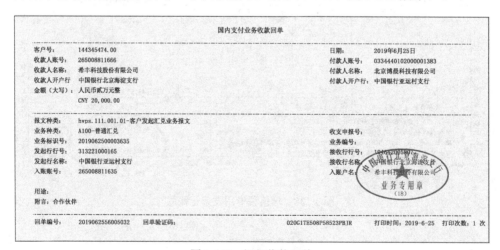

图 3-140　银行收款回单

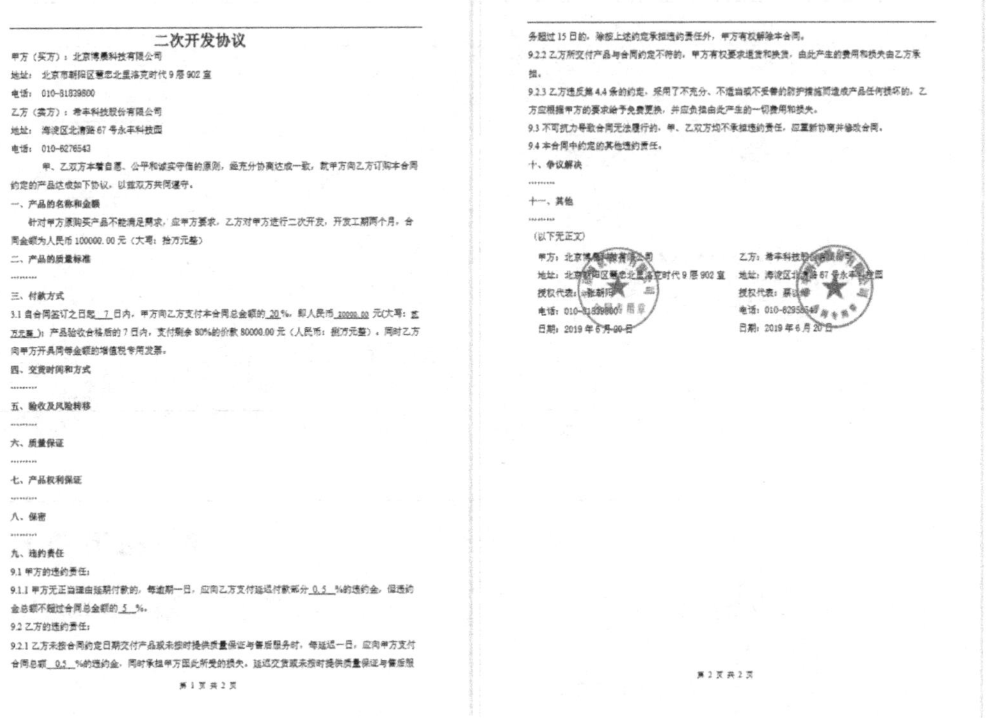

二次开发协议

甲方（买方）：北京博晨科技有限公司

地址：北京市朝阳区慧忠北里洛克时代 9 层 902 室

电话：010-81839800

乙方（卖方）：希丰科技股份有限公司

地址：海淀区北清路 67 号永丰科技园

电话：010-6276543

甲、乙双方本着自愿、公平和诚实守信的原则，经充分协商达成一致，就甲方向乙方订购本合同约定的产品达成如下协议，以兹双方共同遵守。

一、产品的名称和金额

针对甲方原购买产品不能满足需求，应甲方要求，乙方对甲方进行二次开发，开发工期两个月，合同金额为人民币 100000.00 元（大写：拾万元整）

二、产品的质量标准

………

三、付款方式

3.1 自合同签订之日起 7 日内，甲方向乙方支付本合同总金额的 20 %，即人民币 20000.00 元(大写：贰万元整)；产品验收合格后的 7 日内，支付剩余 80%的价款 80000.00 元（人民币：捌万元整），同时乙方向甲方开具同等金额的增值税专用发票。

四、交货时间和方式

………

五、验收及风险转移

………

六、质量保证

………

七、产品权利保证

………

八、保密

………

九、违约责任

9.1 甲方的违约责任：

9.1.1 甲方无正当理由延期付款的，每逾期一日，应向乙方支付延迟付款部分 0.5 %的违约金，但违约金总额不超过合同总金额的 5 %。

9.2 乙方的违约责任：

9.2.1 乙方未按合同约定日期交付产品或未按时提供质量保证与售后服务时，每延迟一日，应向甲方支付合同总额 0.5 %的违约金，同时承担甲方因此所受的损失。延迟交货或未按时提供质量保证与售后服

第 1 页 共 2 页

务超过 15 日的，除按上述约定承担违约责任外，甲方有权解除本合同。

9.2.2 乙方所交付产品与合同约定不符的，甲方有权要求退货和换货，由此产生的费用和损失由乙方承担。

9.2.3 乙方违反第 4.4 条的约定，采用了不充分、不适当或不妥善的防护措施而造成产品任何损坏的，乙方应根据甲方的要求给予免费更换，并应负担由此产生的一切费用和损失。

9.3 不可抗力导致合同无法履行的，甲、乙双方均不承担违约责任，应重新协商并修改合同。

9.4 本合同中约定的其他违约责任。

十、争议解决

………

十一、其他

………

（以下无正文）

甲方：北京博晨科技有限公司
地址：北京市朝阳区慧忠北里洛克时代 9 层 902 室
授权代表：张朝阳
电话：010-81839800
日期：2019 年 6 月 20 日

乙方：希丰科技股份有限公司
地址：海淀区北清路 67 号永丰科技园
授权代表：蔡议
电话：010-6295
日期：2019 年 6 月 20 日

第 2 页 共 2 页

图 3-141 二次开发协议

3.4 其他经营活动

经济业务 40：缴纳上月增值税及附加税

业务描述：6 月 8 日，税务会计缴纳 2019 年 5 月各项税费。

原始单据有期初数据表、各种税款缴纳凭证（如表 3-2、图 3-142 ～图 3-149 所示）。

表 3-2 期初数据表

科目余额表			
期间：	2019 年 6 月初		
科目编码	科目名称	方向	期末余额
			本币
222102	应交税费 \ 未交增值税	贷	839047.09
22210201	应交税费 \ 未交增值税 \ 未交增值税—软件	贷	701232.48
22210202	应交税费 \ 未交增值税 \ 未交增值税—商品	贷	132657.38
22210203	应交税费 \ 未交增值税 \ 未交增值税—服务	贷	5157.23
222108	应交税费 \ 应交城市建设税	贷	58733.30
222113	应交税费 \ 应交教育费附加	贷	41952.35
222115	应交税费 \ 应交个人所得税	贷	70126.49

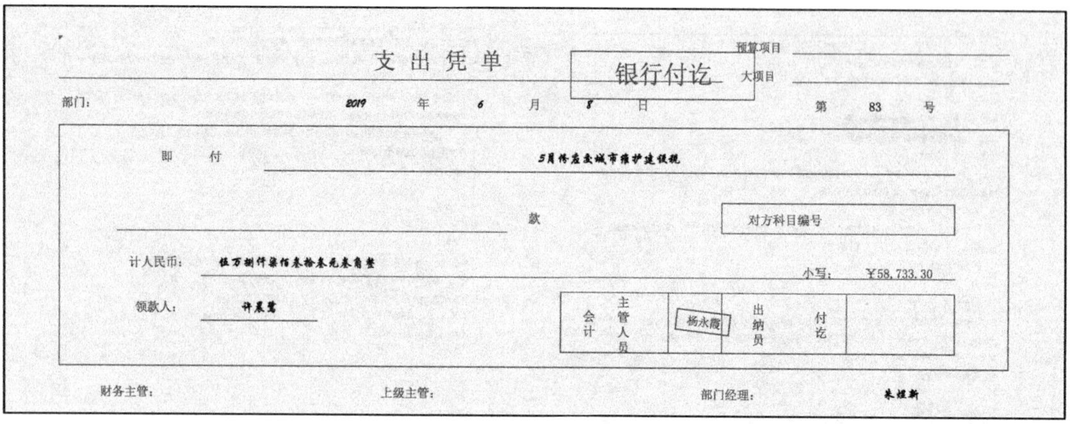

支出凭单 银行付讫

2019 年 6 月 8 日　第 83 号

即付：5月份应交城市维护建设税

计人民币：伍万捌仟柒佰叁拾叁元叁角整　小写：¥58,733.30

领款人：许晨鹭　主管会计人员　出纳员 杨永霞　付讫

财务主管　上级主管　部门经理：朱继新

图 3-142　支出凭单

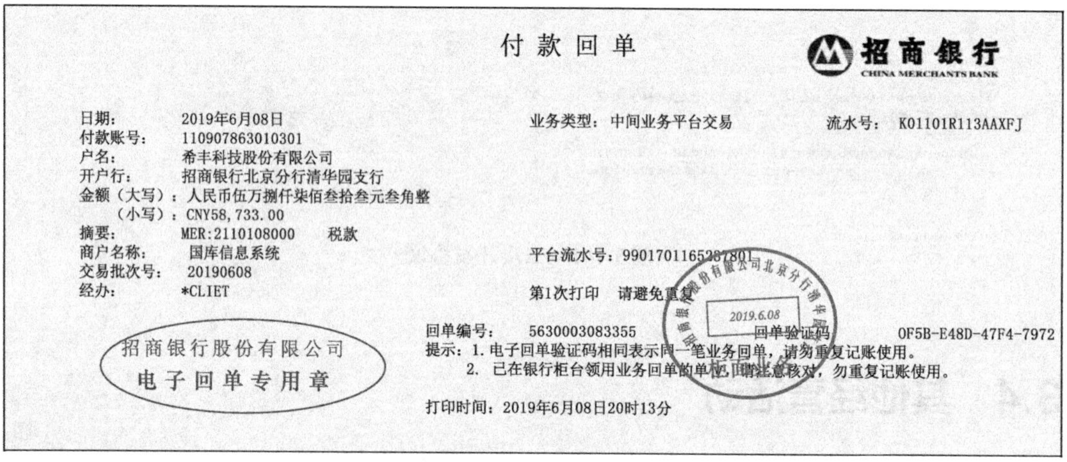

付款回单　招商银行

日期：2019年6月08日
付款账号：110907863010301
户名：希丰科技股份有限公司
开户行：招商银行北京分行清华园支行
金额（大写）：人民币伍万捌仟柒佰叁拾叁元叁角整
　　（小写）：CNY58,733.00
摘要：MER:2110108000　税款
商户名称：国库信息系统
交易批次号：20190608
经办：*CLIET

业务类型：中间业务平台交易　流水号：K01101R113AAXFJ
平台流水号：9901701165287801
第1次打印　请避免重复
回单编号：5630003083355　回单验证码：0F5B-E48D-47F4-7972
提示：1. 电子回单验证码相同表示同一笔业务回单，请勿重复记账使用。
　　　2. 已在银行柜台领用业务回单的单位，回单注意核对，勿重复记账使用。
打印时间：2019年6月08日20时13分

（招商银行股份有限公司 电子回单专用章）
（希丰科技股份有限公司北京分行转讫 2019.6.08）

图 3-143　付款回单

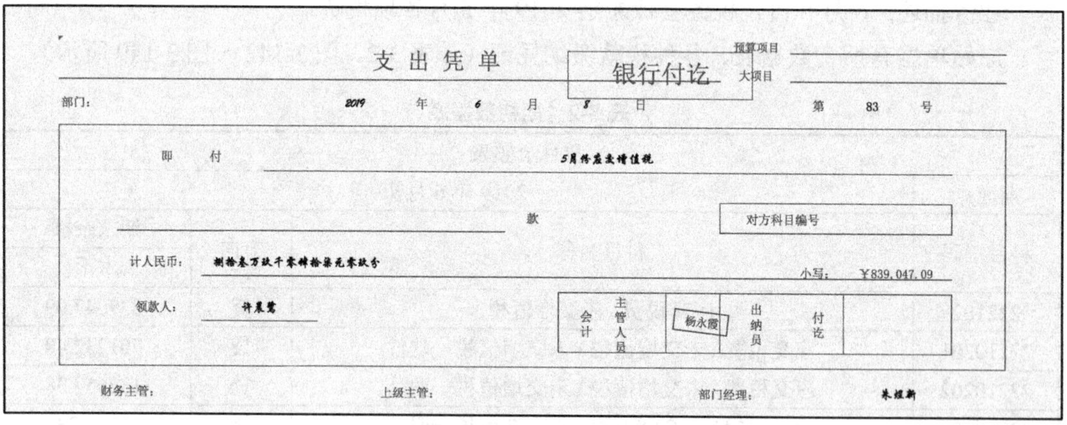

支出凭单 银行付讫

2019 年 6 月 8 日　第 83 号

即付：5月份应交增值税

计人民币：捌拾叁万玖仟零肆拾柒元零玖分　小写：¥839,047.09

领款人：许晨鹭　主管会计人员　出纳员 杨永霞　付讫

财务主管　上级主管　部门经理：朱继新

图 3-144　支出凭单

图 3-145 付款回单

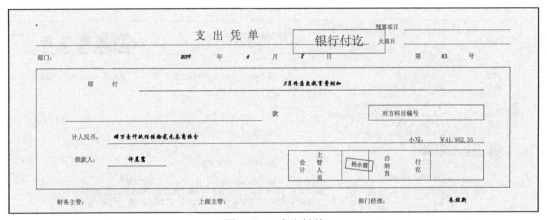

图 3-146 支出凭单

图 3-147 付款回单

支出凭单

银行付讫

预算项目

大项目

部门：　　2019 年 6 月 8 日　　第 83 号

即付 5月份应交个人所得税 款

对方科目编号

计人民币：柒万零壹佰贰拾陆元肆角玖分　　小写：￥70,126.49

领款人：许晨莺

会计主管人员 杨永霞　　出纳员　　付讫

财务主管：　　上级主管：　　部门经理：朱煜新

图 3-148　支出凭单

付款回单

招商银行 CHINA MERCHANTS BANK

日期：2019年6月08日　　业务类型：中间业务平台交易　　流水号：K01101R113AAXFJ

户名：希丰科技股份有限公司

付款账号：110907863010301

开户行：招商银行北京分行清华园支行

金额（大写）：人民币柒万零壹佰贰拾陆元肆角玖分

金额（小写）：CNY70,126.49

摘要：MER:2110108000　税款　　平台流水：9901701165102423

商户名称：国库信息系统

交易批次号：20190608

经办：*CLIET　　第1次打印　请避免重复

回单编号：5630003083355　　回单验证码　　0F5B-E48D-47F4-7972

提示：1. 电子回单验证码相同表示同一笔业务回单，请勿重复记账使用。

2. 已在银行柜台领用业务回单的单位，请注意核对，勿重复记账使用。

打印时间：2019年6月08日20时13分

招商银行股份有限公司 电子回单专用章

招商银行股份有限公司北京分行清华园支行 2019.6.08

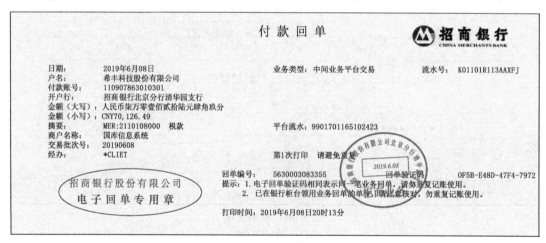

图 3-149　付款回单

经济业务 41：购买购物卡，作为生日礼物

业务描述：6 月 8 日，人力行政部的张嘉鸿从京东商城购买 100 张 100 元面值的购物卡，用于给本季度过生日的员工发生日礼物。

原始单据有福利培训费报销单、购物发票、付款回单（如图 3-150 ～图 3-152 所示）。

3 高新软件行业的经济业务活动 087

银行付讫			
福利培训费报销单			
			第1页/共1页
单据编号：XDFL1510301074	单据日期：2019/06/08	部门名称：人力行政部	
费用承担部门：人力行政部	预算项目：公共福利费-购物卡	报销人员：张嘉鸿	
手机：	收支项目：	邮件：zhangjiahong@xifeng.com	
收款单位：天津京东海荣贸易有限公司			
收款单位开户行：中国建设银行股份有限公司天津武清支行	收款账户：		
合计金额：10000.00	大写金额：壹万元整		

事由	报销金额
购买购物卡用于员工生日礼物	10000.00

录入人：张嘉鸿	审核人：吴弘易	打印人：张嘉鸿
单位：希丰科技股份有限公司	杨永霞	打印日期：2019/06/08

图3-150　福利培训费报销单

北京增值税电子普通发票

发票代码：012001700211
发票号码：38504927
开票日期：2019年6月8日
校验码：62039 97883 15778 75600

机器编号：661620032527

购买方	名　称：希丰科技股份有限公司 纳税人识别号：91460000573058891A 地址、电话： 开户行及账号：	密码区	035926>3>2<0230937-8>1*26906 374*91/- +588247>>/*6+>-89233 785926>3>2<0230937*57+89>097 4/ 737-++ 690195*6067/ /42+2-72

货物或应税劳务、服务名称	规格型号	单位	数量	单价	金额	税率	税额
购物卡			100.00	88.4956	8849.56	13%	1150.44
合　　计					¥8,849.56		¥1,150.44

价税合计（大写）	⊗ 壹万元整	（小写）¥10,000.00

销售方	名　称：北京京东世纪信息技术有限公司 纳税人识别号：91110302562134916R 地址、电话：北京市北京经济技术开发区科创十一街18号院C座2层215室 62649622 开户行及账号：招商银行股份有限公司北京青年路支行110907597010206	备注	订单号：72865302895 北京京东世纪信息技术有限公司 91110302562134916R 发票专用章

收款人：京东商城　　复核：　　开票人：京东商城

图3-151　购物发票

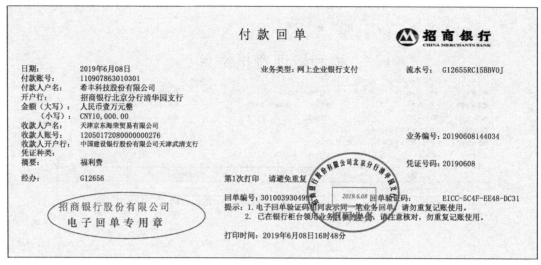

图 3-152　付款回单

经济业务 42：员工的外部培训费用

业务描述：2019 年 6 月 25 日，直销管理部的吴秋煌参加某研修班返回，公司报销其外部培训费用。

原始单据为费用报销单、培训费发票、付款回单、培训通知（如图 3-153～图 3-156 所示）。

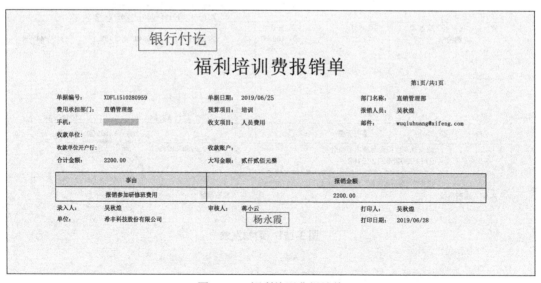

图 3-153　福利培训费报销单

图 3-154 培训费发票

图 3-155 付款回单

中国职业技术教育学会教学工作委员会
全国职业院校专业群及骨干专业群建设与特色专业优化
"高级研修班"报名回执表（北京）

贵单位教师 吴秋煌 ，共 1 名已报名参加《全国职业院校专业群建设与特色专业优化高级研修班》，现将培训有关事项通知贵单位学员：

一、培训时间为 2019 年 6 月 21 至 25 日（21 日报到，22—24 日授课，25 日全天返程）。

二、培训费用：合计人民币 2200×1= 2200 元整（人民币 2200 元整），请于 6 月 21 开课前汇入下面账号或报到当天交现金、刷公务卡。

  户　　名：北京校企联合管理咨询中心
  开 户 行：招商银行北京分行万达广场支行
  账　　号：110910319610555
（注：汇款的单位请把汇款凭证传至 jujiaozhijiao@126.com，或报到当天携带汇款凭证复印件。）

三、报到/住宿地点：北京景都桂龙大酒店
  地　址：北京市丰台区莲花池南里 21 号（地铁六里桥东站 C 口东南口马路对面）
  电　话：010-63190888

四、报到时间：6 月 21 日 9:00--18:00

五、联系方式：
  联系人：周老师
  电　话：010-51313042/43

附件：1、全国职业院校专业群建设与特色专业优化高级研修班日程安排
   2、住宿预订单、发票开具单
   3、乘车路线图

图 3-156　培训通知

经济业务 43：研发部门集体团建

业务描述：6 月 5 日—7 日，研发一部外出团建，公司报销团建费用。

原始单据有付款回单、福利培训报销单、游船票、住宿费发票、餐费发票、过路过桥费发票、停车费发票（见图 3-157～图 3-165）。

付款回单

招商银行

日期： 2019年6月07日	业务类型：企业银行 代发	流水号： K5398RAI8ACRIJ
付款账号： 110907863010301		
付款人户名： 希丰科技股份有限公司		
开户行： 招商银行北京分行清华园支行		
金额（大写）： 人民币捌仟肆佰肆拾元整		
金额（小写）： CNY8,440.00		
业务编号： 190607142008375		
摘要： 蔡以周 6225880125107376 高	批次号： M005554281	
经办： N00742	第1次打印	
	回单编号：3010037285335	回单验证码： BFIC-18B7-149E-BB00

（招商银行股份有限公司 电子回单专用章）

提示：1. 电子回单验证码相同表示同一笔业务回单，请勿重复记账使用。
2. 已在银行柜台领用业务回单的单位请注意核对，勿重复记账使用。

打印时间：2019年6月07日19时48分

图 3-157 付款回单

福利培训费报销单

银行付讫

第1页/共1页

单据编号： XDFL1906070954	单据日期： 2019/06/07	部门名称： 研发一部
费用承担部门： 研发一部	预算项目： 部门活动-业务	报销人员： 蔡以周
手机：	收支项目： 专会务	邮件： caiyizhou@xifeng.com
收款单位：		
收款单位开户行：	收款账户：	
合计金额： 8440.00	大写金额： 捌仟肆佰肆拾元整	

事由	报销金额	备注
住宿+餐费	6170.00	
门票	1900.00	
停车费	60.00	
过路费	310.00	

录入人： 蔡以周	审核人： 吴雅玲 杨永霞	打印人： 蔡以周
单位： 希丰科技股份有限公司		打印日期： 2019/06/07

图 3-158 福利培训费报销单

图 3-159　游船票(共 19 张)

图 3-160　增值税普通发票

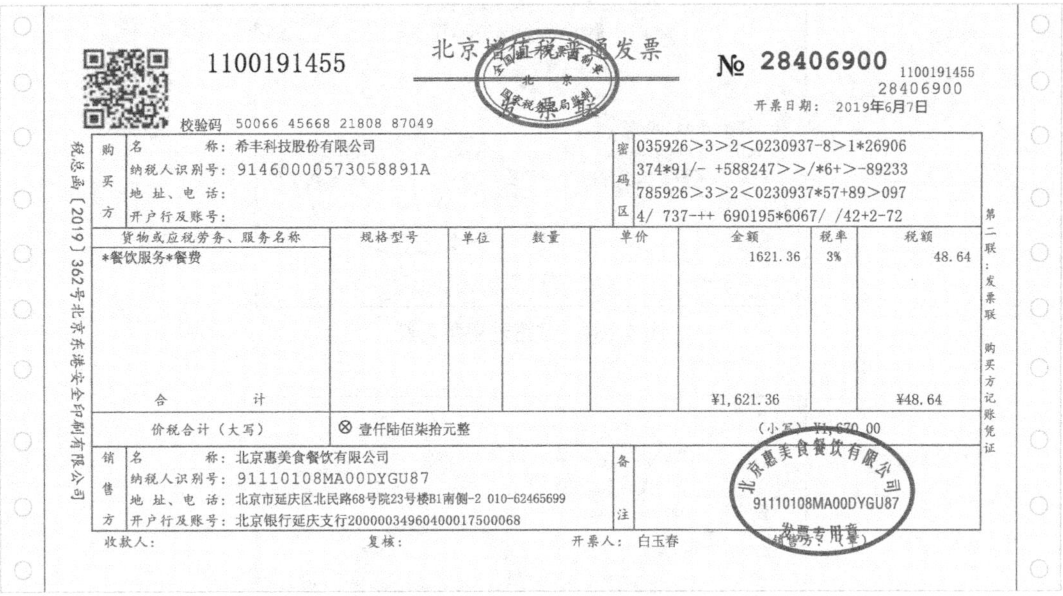

图 3-161 增值税普通发票

图 3-162 过路过桥费发票

图 3-163 过路过桥费发票

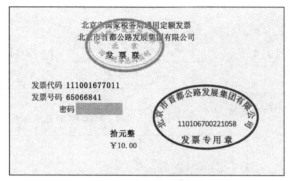

图 3-164　过路过桥费发票

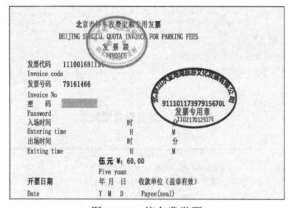

图 3-165　停车费发票

经济业务 44：支付辞退补偿金

业务描述：6 月 30 日，希丰公司产品质量稳定，客户对运营维护的需求量缩减，因此公司决定缩减编制，降低部门费用开支。运维工程师蔡渲渲被人力部门告知下月要降薪，蔡渲渲不同意降薪，双方协商后解除劳动合同，公司按《合同法》支付辞退补偿金。

原始单据有付款回单、支出凭单、劳动合同解除协议书（如图 3-166～图 3-168 所示）。

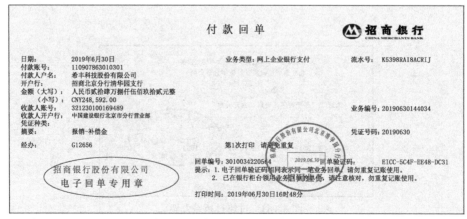

图 3-166　付款回单

支 出 凭 单　　银行付讫

预算项目

大项目

部门：运维服务部　　2019 年 6 月 30 日　　第 83 号

即　付　解除劳动合同经济补偿金

款　　对方科目编号

计人民币：248592.00　贰拾肆万捌仟伍佰玖拾贰元整

领款人：蔡渲渲

会计	主管人员	柯俊生	出纳员	付讫	

财务主管：朱祖新　　上级主管：吴弘扬　　部门经理：陈桂鑫

图 3-167　支出凭单

劳动合同解除协议书

甲方：希丰科技股份有限公司

乙方：蔡渲渲　　乙方身份证号码：[redacted]

甲乙双方在平等、自愿的基础上，经协商一致，同意解除劳动合同关系。关于解除劳动合同的相关事宜达成如下协议，并愿共同遵守：

1．甲乙双方于 2019 年 6 月 30 日解除劳动合同；自 2019 年 6 月 30 日起，双方不再存在任何形式的劳动关系。

2．甲方向乙方支付工资至 2019 年 6 月 30 日，并为乙方缴纳至 2019 年 6 月的保险及住房公积金。相关费用报销截止到 2019 年 6 月 30 日。

3．乙方应当于本协议签订后 2 日内按照甲方规定和双方约定妥善办理所有工作移交手续。

4．甲方同意向乙方支付一次性补偿款总计人民币税前￥248592 元（大写：贰拾肆万捌仟伍佰玖拾贰元整，甲方依法代为扣缴乙方个人所得税），作为彻底、不可撤销的解决乙方在甲方工作期间的一切争议和任何诉求。

款项支付方式：银行转账（乙方银行账户户名：蔡渲渲 账号：321230100169489开户行:中国建设银行北京市分行营业部）。甲方一次性支付该经济补偿金。

5．乙方应为所掌握的甲方之任何商业秘密（包括本协议内容）进行保密，不得泄露给任何第三方。

6．本协议是解决双方之间劳动争议的所有妥协和约定(包括但不限于劳动关系、劳动报酬、社会保险、住房公积金、福利待遇及补偿待遇等），双方之间不再存在其他任何争议及遗留问题，乙方不再对甲方主张任何权利或提出任何请求，甲方无须再向乙方承担任何其他义务和责任。

7．乙方离职后，不得发表、散播、评论任何不利于或可能不利于甲方及其关联公司的任何信息，也不得实施任何不利于或可能不利于甲方及其关联公司的行为。如有违反，乙方应当赔偿由此给甲方造成的全部损失。

此协议书一式两份，甲乙双方各持一份，具有同等的法律效力。本协议自双方签署之日起成立并生效。

（以下无正文）

甲方（盖章）：希丰科技股份有限公司　　乙方（签字）：蔡渲渲

2019 年 6 月 30 日　　2019 年 6 月 30 日

图 3-168　劳动合同解除协议书

经济业务 45：产品介绍视频录制

业务描述：2019 年 6 月 20 日，研发二部委托一家公司制作 IRV2.1 产品的内容介绍视频，余媛媛报销视频制作费用。

原始单据有其他费报销单，增值税专用发票抵扣联、发票联，付款回单，服务协议，视频成片结算表（如图 3-169～图 3-174 所示）。

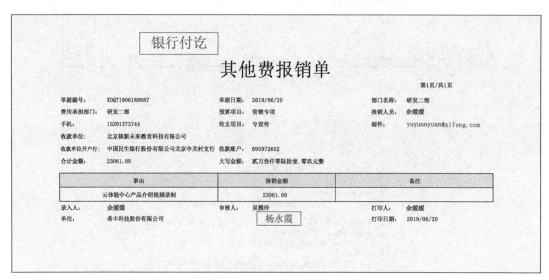

图 3-169　其他费报销单

图 3-170　增值税专用发票抵扣联

图 3-171 增值税专用发票发票联

图 3-172 付款回单

委托视频制作服务协议

甲方：希丰科技股份有限公司
联系地址：北京市海淀区北清路 67 号永丰科技园
法定代表人：吴弘易
联系方式：010-88839688

乙方：北京核新未来教育科技有限公司
联系地址：北京市海淀区知春路 108 号豪景大厦 C 座 1002 室
法定代表人：祁智华
联系方式：010-82620718

经过友好协商，甲乙双方就乙方接受甲方委托为甲方提供有偿服务于 2019 年 6 月 10 日达成以下协议，以资信守：

一、服务内容：具体服务内容和价格标准参见附件一。

二、甲方的权利与义务

1. 甲方应按照本协议的约定向乙方支付服务费用。甲方除向乙方支付本协议约定的服务费用外，不向乙方支付其他任何费用。

2. 甲方有权对乙方提供的服务进行监督，并按照本协议附件一约定的考核政策对乙方定期进行考核。

3. 在本服务的执行过程中产生的任何成果或作品（如有，无论是否由甲方创作或由乙方依照本协议约定提供），其全部知识产权，包括但不限于著作权、专利申请权、专利权等均归甲方单独享有。

4. 甲方有权委托其他第三方从事与本协议内容相同的服务，乙方无权干涉。

三、乙方的权利与义务

1. 乙方应当按照本协议的约定，向甲方提供服务。乙方未按照本协议约定向甲方提供服务的，按本协议的约定承担违约责任。

2. 乙方因履行本服务而向甲方提供的任何信息、数据等内容均应保证真实有效，并享有相关权益或以获得相关授权。

3. 如因乙方提供的服务导致对第三方的侵权，则由乙方承担全部法律责任，与甲方无关，如甲方由此受到经济或名誉上的损失的，乙方应当全部赔偿，乙方对其员工或其他受其委托提供服务人员（以甲方认可为前提）的行为负责，并承担由此而可能产生的一切法律责任，包括但不限于法律责任，包括但不限于赔偿责任。

4. 未经甲方事先书面许可，乙方不得将本协议项下的任何义务或义务的任何部分转让给任何第三方。

5. 如甲方有人员要求的，乙方应按照甲方的要求为甲方提供所需的人员，未经甲方书面许可，乙方不得擅自变更服务人员。

6. 除本合同约定的内容外，乙方不得以甲方的名义从事其他任何行为。

四、服务费用及付款

甲方以 转账 方式向乙方支付服务费用，乙方于 2019 年 6 月 20 日前完成全部成片支付。甲方需一次性向乙方支付合同总款人民币￥ 23061.09 元，大写 贰万叁仟零陆拾壹元零九 元。

本合同适用中华人民共和国有关法律。

本合同一式 4 份，具有同等的法律效力。

本合同未尽事宜，经合同双方共同协商，做出补充规定，补充规定与本合同具有同等效力。

（以下无正文）

（签署页—委托服务协议）

甲方（盖章）：希丰科技股份有限公司

授权代表：吴弘易

日期：2019 年 6 月 20 日

乙方（盖章）：北京核新未来教育科技有限公司

授权代表：祁智华

日期：2019 年 6 月 20 日

图 3-173 服务协议

视频成片结算表

序列	课程名称	录课时间	成片时长	录课费	剪辑费	字幕	视频包装	化妆	特效制作+合成	合计
1	模块一	2019年6月8日上午	43:00:00	800	1290	430	200	400	200	3320
2	模块二	2019年6月8日下午	12:19:00	800	365.7	120.19	200	200	400	2085.89
3	模块三	2019年6月9日上午	28:01:00	800	840.3	280.1	200	200	400	2720.4
4	模块四	2019年6月9日下午	29:26:00	800	877.8	292.6	200	200	400	2770.4
5	模块五	2019年6月10日上午	20:50:00	800	615	205	200	200	400	2420
6	模块六	2019年6月10日下午	24:13:00	800	723.9	241.3	200	200	400	2565.2
7	模块七	2019年6月11日上午	30:19:00	800	905.7	[illegible]	[illegible]	[illegible]	1000	3407.6
8	模块八	2019年6月11日下午	39:29:00	800	1178	392.[illegible]	400	200	[illegible]	3771.6
总计					23061.09	祁智华				

图 3-174 视频成片结算表

经济业务 46：公司第二季度总结和第三季度业务冲刺动员会

业务描述：6月11—16日，公司召开第二季度总结和第三季度业务冲刺动员会，此次会议费用由总裁办承担，企管部王丽娜先从公司借支了一笔钱，用于会议组织和费用开支。会议结束后，她提交相关单据报销本次费用。

原始单据有专项费用审批表，会议费明细，借款单，费用报销单，增值税专用发票抵扣联、发票联，服务协议，会议服务专项费用构成测算表，会议服务明细清单，收款收据（如图 3-175～图 3-181、表 3-4、表 3-5 所示）。

表 3-3 专项费用审批表

专项费用审批表				
申请人	王丽娜	申请日期		2019-06-9
申请人所在部门	企业管理部	费用划拨事业部		
专项计划名称	希丰科技 2019 年第二季度经营工作会			
专项计划目标描述	确保公司 2019 年第二季度经营工作会顺利召开			
专项计划内容描述	6月11—16日在内蒙古呼伦贝尔召开公司 2019 年度第二季度经营工作会及团队建设活动			
执行时间	2019-6-11 至 2019-6-16			
会议活动执行地点	内蒙古呼伦贝尔市			
专项费用支出说明	住宿/会议费/拓展费用等			
专项费用构成测算	广告费		会务费	102060.00
	咨询/劳务费	13000.00	差旅费	159310.00
	宣传费		印刷品	
	招待费		办公费用	
	其他	15200.00	合计	289570.00
2019 年希丰科技股份有限公司呼伦贝尔会议价格明细 V4 20170704.xls（41KB）				
提交审批单时请下载"专项费用审批预算明细表"模板填写后并上传				
审批				
希丰科技股份有限公司营销机构经理审批	签名		日期	
希丰科技股份有限公司事业部经理审批	签名		日期	
希丰科技股份有限公司主管高级副总裁审批	签名		日期	
希丰科技股份有限公司总裁审批	签名		日期	
希丰科技股份有限公司财务经理审批	签名		日期	
专项计划执行结果				
专项计划结果描述	希丰科技 2019 年第二季度经营工作会顺利召开			
专项费用使用说明	广告费		会务费	281470.16
	咨询/劳务费		差旅费	
	宣传费		印刷品	

会议费明细

会议时间	2019年6月11日至16日	会议地点	内蒙古呼伦贝尔
会议名称	希丰科技2019年第二季度经营工作会		
会议范围	公司部分员工		
会议人数	77	费用标准	3700
会议内容及目的			

1. 公司第二季度总结和第三季度业务冲刺动员会 2. 服务转型模式与路径研讨
3. 团队建设

图 3-175　会议费明细

借款单（现金付讫）

第1页/共1页

单据编号：	XDJK19120161009	单据日期：	2019/6/9	部门名称：	企业管理部
费用承担部门：	企业管理部	收支项目：	会议费	预算项目：	会议费
借款人员：	王丽娜	借款单位：			
借款单位开户行：		借款账户：			
借款金额：	300000.00	大写金额：	叁拾万元整		

费用性质	款项性质	事由	借款金额	备注
个人现金	个人借款	公司召开第二季度总结和第三季度业务冲刺动员会	300000.00	

录入人：	王丽娜	审核人：	吴弘易 杨永霞	打印人：	王丽娜
单位：	希丰科技股份有限公司			打印日期：	2019/6/9

图 3-176　借款单

现金收讫

其他费报销单

第1页/共2页

单据编号:	XDQT1906180901	单据日期:	2019/06/18	部门名称:	企业管理部
费用承担部门:	企业管理部	预算项目:	公司管理	报销人员:	王丽娜
手机:		收支项目:	专会务	邮件:	wanglina@xifeng.com
收款单位:					
收款单位开户行:		收款账户:			
合计金额:	283986.36	大写金额:	贰拾捌万叁仟玖佰捌拾陆元叁角陆分整		

事由	报销金额	备注
会议服务	281470.16	
药费	180.00	
购买会议用品（移动硬盘）	618.90	
购买拓展用魔术头巾	1017.30	

录入人:	王丽娜	审核人:	吴弘易	打印人:	王丽娜
单位:	希丰科技股份有限公司			打印日期:	2019/06/18

现金付讫

其他费报销单

第2页/共2页

单据编号:	XDQT1906180901	单据日期:	2019/06/18	部门名称:	企业管理部
费用承担部门:	企业管理部	预算项目:	公司管理	报销人员:	王丽娜
手机:		收支项目:	专会务	邮件:	wanglina@xifeng.com
收款单位:					
收款单位开户行:		收款账户:			
合计金额:	281470.16	大写金额:	贰拾捌万壹仟肆佰柒拾元壹角陆分		

事由	报销金额	备注
会议服务	281470.16	

录入人:	王丽娜	审核人:	吴弘易	打印人:	王丽娜
单位:	希丰科技股份有限公司		杨永霞	打印日期:	2019/06/18

图 3-177　其他费报销单

内蒙古增值税专用发票

1900161160 代开

№ 00376635 1900161160 00376635

抵扣联

开票日期：2019年6月16日

购买方	名　　称：希丰科技股份有限公司 纳税人识别号：91460000573058891A 地 址、电 话：北京市海淀区北清路67号永丰科技园 010-6276543 开户行及账号：招商银行北京分行清华园支行 110907863010301			密码区	035926>3>2<0230937-8>1*26906 374*91/- +588247>>/*6+>-89233 785926>3>2<0230937*57+89>097 4/ 737-++ 690195*6067/ /42+2-72		
货物或应税劳务、服务名称	规格型号	单位	数量	单价	金额	税率	税额
会议服务费			1	273272.0000	273272.00	3%	8198.16
合　　计					¥273,272.00		¥8,198.16
价税合计（大写）	⊗贰拾捌万壹仟肆佰柒拾圆壹角陆分				（小写）¥281,470.16		
销售方	名　　称：海拉尔区国家税务局（自助代开终端）（代开机关） 纳税人识别号：11010800DK08135（代开机关） 地 址、电 话：海拉尔区天骄嘉园小区10号楼201号门市 15848083799 开户行及账号：320170814000010356（完税凭证号）			备注	代开企业税号：91150702566937425K 代开企业名称：呼伦贝尔市五彩草原国际旅行社有限公司		

收款人：于淼　复核：周石　开票人：1507021　销售方：（章）

税总函〔2019〕340号北京印制有限公司

第二联：抵扣联　购买方扣税凭证

图 3-178　增值税专用发票抵扣联

内蒙古增值税专用发票

1900161160 代开

№ 00376635 1900161160 00376635

发票联

开票日期：2019年6月16日

购买方	名　　称：希丰科技股份有限公司 纳税人识别号：91460000573058891A 地 址、电 话：北京市海淀区北清路67号永丰科技园 010-6276543 开户行及账号：招商银行北京分行清华园支行 110907863010301			密码区	035926>3>2<0230937-8>1*26906 374*91/- +588247>>/*6+>-89233 785926>3>2<0230937*57+89>097 4/ 737-++ 690195*6067/ /42+2-72		
货物或应税劳务、服务名称	规格型号	单位	数量	单价	金额	税率	税额
会议服务费			1	273272.0000	273272.00	3%	8198.16
合　　计					¥273,272.00		¥8,198.16
价税合计（大写）	⊗贰拾捌万壹仟肆佰柒拾圆壹角陆分				（小写）¥281,470.16		
销售方	名　　称：海拉尔区国家税务局（自助代开终端）（代开机关） 纳税人识别号：11010800DK08135（代开机关） 地 址、电 话：海拉尔区天骄嘉园小区10号楼201号门市 15848083799 开户行及账号：320170814000010356（完税凭证号）			备注	代开企业税号：91150702566937425K 代开企业名称：呼伦贝尔市五彩草原国际旅行社有限公司		

收款人：于淼　复核：周石　开票人：1507021　销售方：（章）

税总函〔2019〕340号北京印制有限公司

第三联：发票联　购买方记账凭证

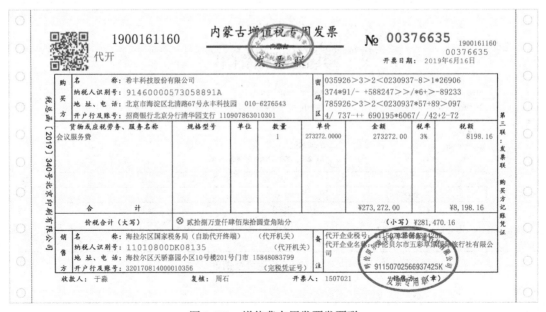

图 3-179　增值费专用发票发票联

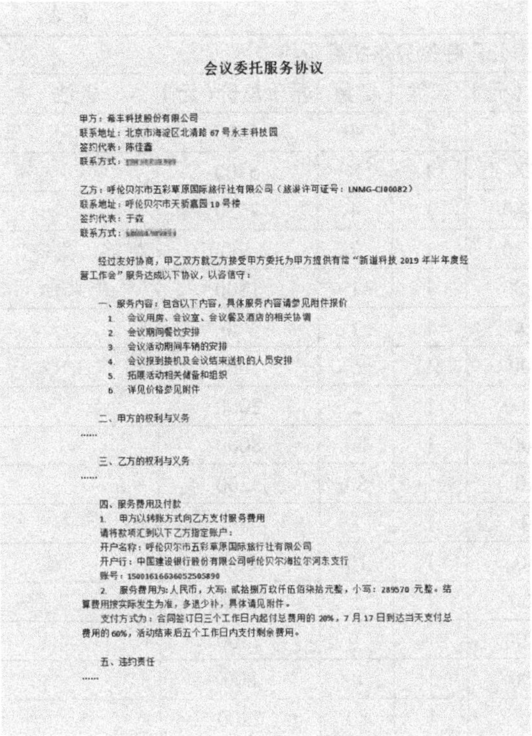

图 3-180　服务协议

表 3-4　会议服务专项费用构成测算表

类型	名称	报价（元）	天数	数量	报价总价（元）	备注
会议室	建宾楼金色大厅（400m²）	8800	2	1	17600	含 2 块幕布影茶水
	会议室内 LED	3300	2	1	6600	
	茶歇（1）	700	2	1	2800	
会务用房	15 日—高级双床房	850	6	2	10200	前站会务人员
	16 日—高级双床房	850	5	2	8500	参会客人
	16 日—高级大床房	890	5	1	4450	
	17 日—高级双床房	850	4	34	115600	
	17 日—高级大床房	890	4	4	14240	
	17 日—高级套房	1580	4	1	6320	
会务用餐	18—19 日中餐自助	80	2	80	12800	菜单 2 套
	18 日桌餐	880	1	8	7040	单独菜单
	19 日俄式风味餐/自助	100	1	80	8000	提前点单
会议用车	17 日全天接机（33 座）	2800	1	1	2800	
	21 日 5 座轿车送机 100 元/次	100	1	10	1000	
其他	矿泉水	2	1	400	800	
会议小计（元）					218750	

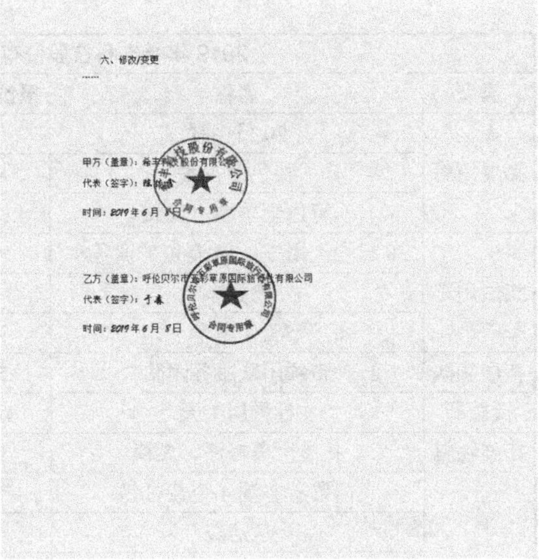

续表

2019年希丰科技股份有限公司呼伦贝尔拓展价格						
类型	名称	报价（元）	天数	数量	报价总价（元）	备注
拓展用餐	20日中餐	60	1	80	4800	
	特色蒙古餐	800	1	8	6400	
	特色全羊宴+仪式	1880	1	4	7520	
拓展用车	20日全天用车，14座位的商务车	1880	1	7	12600	帐篷、桌椅、炉具等
	物资车	1880	1	1	1800	
	工作用车	700	1	1	700	
拓展领队	带领团队服务团队	500	1	6	3000	
摄影师	行程用1天	1000	1	2	2000	
拓展物料	拓展所需帐篷、桌椅	100	1	80	8000	
蒙古记忆景区费用	门票+参观4个蒙古包	40	1	80	3200	
	包房费	0	1	1	0	
	马队迎宾	80	1	10	800	
	迎宾酒	200	1	1	200	
	中型歌舞表演（时间约1个小时）	2300	1	1	2300	
	席间敬酒	100	1	8	800	
	献哈达	15	1	80	1200	
	篝火	1600	1	1	1600	
	草原烟花	3500	1	1	3500	天气不干旱可燃放
其他可选项目	矿泉水	2	1	400	800	以实际发生为准
	本地酒水				8000	
	保险	20	1	80	1600	
拓展小计（元）	70820					
合计（元）	289570					

表3-5 会议服务明细清单

会议方面						
类型	名称	报价（元）	天数	数量	报价总价（元）	备注
会议室	建宾楼金色大厅（400m²）	8800	2	1	17600	含2块幕布影茶水
	会议室内LED	3300	2	1	6600	
	茶歇（1）	700	2	2	2800	
	20日会议室晚	500	1	1	500	
会务用房	15—23日	850	8	1	6800	前站会务人员
	15—21日	850	6	1	5100	
	16—20日大床	890	4	1	3560	参会客人
	16—24日套房	1380	8	1	11040	

续表

会议方面						
类型	名称	报价（元）	天数	数量	报价总价（元）	备注
会务用房	16—21日双床	850	5	3	12750	
	17—18日大床	890	1	1	890	
	半天房费	445	1	1	445	
	17—19日双床房	850	2	1	1700	
	17—20日双床房	850	3	4	10200	
	17—21日双床	850	4	27	91800	
	17—21日高级套房	1580	4	1	6320	
会务用餐	18—19日中餐自助	80	2	80	12800	菜单2套
	18日桌餐	880	1	6	5280	单独菜单
	18日桌餐	1500	1	1	1500	
	18日其他消费	317	1	1	317	
	19日俄式风味餐	7804	1	1	7804	提前单点
会议用车	17日全天接机（33座）	2800	1	1	2800	
	17日接机	100	1	1	100	
	18日送机	100	1	1	100	
	20日送机	100	1	1	100	
	21日送机5点	100	1	1	100	
	21日送机7点	100	1	1	100	
	21日送机8点30分2次	100	1	2	200	
	21日送机9点15分3次	100	1	3	300	
	21日送机10点30分	100	1	1	100	
	21日送机12点	100	1	1	100	
	21日送机16点30分	100	1	1	100	
	21日送机20点3次	100	1	3	300	
	21日送机20点3次	100	1	3	300	
其他	摄影	1500	1	1	1500	
	咖啡纸品	45	1	3	135	
	矿泉水	24	1	6	144	
会议小计（元）	212285					
拓展方面						
类型	名称	报价（元）	天数	数量	报价总价（元）	备注
拓展用餐	19日中餐	60	1	74	4440	
	特色蒙古餐	800	1	6	4800	
	特色蒙古餐主桌	1500	1	1	1500	
	特色全羊宴+仪式	1880	1	3	5640	

续表

类型	名称	报价（元）	天数	数量	报价总价（元）	备注
	拓展方面					
拓展用车	20日全天用车，14座位的商务车	1800	1	6	10800	
	物资车	1800	1	1	1800	
	工作车	700	1	1	700	
拓展领队	带领团队服务团队	500	1	6	3000	
摄影师	行程用一天	1000	1	2	2000	
拓展策划	拓展方案、补给、帐篷、桌椅、音箱等	100		74	7400	
景区费用	门票	20	1	63	1260	
	包费	0	1	1	0	
	马队迎宾	80	1	10	800	
	迎宾酒（黄金家族 舞蹈＋唱歌＋酒）	200	1	1	200	
	中型歌舞表演（时间约为1小时）	2300	1	1	2300	
	席间敬酒	100	1	7	700	
	献哈达	15	1	63	945	
	篝火	1600	1	1	1600	
	草原烟花	3500	1	1	3500	
	小料＋纸巾	112	1	1	112	
	啤酒	13	1	12	156	
	可乐＋雪碧（2大瓶）	15	1	2	30	
	奶茶	20	1	8	160	
	水	5	1	20	100	
	礼物	980	1	1	9880	
其他消费	21日单独往返海拉尔	0	1	1	0	
	18—20日白酒	90	1	12	1080	
	18—20日红酒	130	1	12	1560	
	条幅	204	1	1	204	
	小礼品	20	1	30	600	
	21日蒙古包晚宴 白酒	90	1	12	1080	
	21日蒙古包晚宴 啤酒	60	1	2	120	
	保险费	20	1	71	142	
拓展小计（元）		60987				
税点（元）		8198.16				
合计（元）		281470.16				

收 款 收 据

2019 年 6 月 18 日　　№ 003056

今 收 到 企管部王丽娜

交 来：预借第二季度总结和第三季度业务冲刺动员会结余款

金额 人民币（大写） 壹万捌仟伍佰贰拾玖元捌角肆分

¥ 18529.84　　☑现金　☐支票　☐信用卡　☐其他

收款单位（签章）　希丰科技股份有限公司 财务专用章

第三联 记账

核准 朱耀新　会计 杨永霞　记账　出纳 肖萌蕾　经手人 王丽娜

图 3-181　收款收据

经济业务 47：收到政府项目资金

业务描述：6 月 15 日，北京市科技工业信息化局为支持软件产业的发展，拨付给公司人才开发专项资金 150 000 元。

原始凭证有收款回单、政府人才开发专项资金拨付协议书（如图 3-182、图 3-183 所示）。

国内支付业务收款回单

客户号：	144345474.00	日期：	2019年6月15日
收款人账号：	265008811666	付款人账号：	22040158000028786
收款人名称：	希丰科技股份有限公司	付款人名称：	北京市科技工业信息化局
收款人开户行：	中国银行北京海淀支行	付款人开户行：	中国工商银行股份有限公司中关村支行
金额（大写）：	人民币壹拾伍万元整 CNY 150,000.00		

报文种类：	hvps.111.001.01-客户发起汇兑业务报文		
业务种类：	A100-普通汇兑	收支申报号：	
业务标识号：	2019061550207719	业务编号：	
发起行行号：	102645001310	接收行行号：	104642005807
发起行名称：	中国工商银行股份有限公司中关村支行	接收行名称：	中国银行北京海淀支行
入账账号：	265008811666	入账户名：	希丰科技股份有限公司

用途：

附言：拨付人才专项项目经费，转海淀支行

中国银行北京海淀支行 业务专用章 (18)

回单编号：2019061556005026　回单验证码：020G1TE508P58909PBJR　打印时间：2019-6-15　打印次数：1 次

图 3-182　收款回单

人才开发专项资金拨付协议书

甲方：北京市科技工业信息化局
乙方：希丰科技股份有限公司

  北京市人才工作领导小组会议审议通过了 2019 年北京市人才开发专项资金使用计划，市人才办下发《关于拨付 2019 年度人才开发专项资金的函》（三人才办函〔2016〕11 号），为贯彻落实市人才工作领导小组会议精神，做好 2019 年人才专项资金项目管理工作，经甲乙双方协商一致，达成以下协议：

一、项目内容
  甲方拨付人才开发专项资金 15 万元（大写：壹拾伍万元整），作为乙方软件研发高端人才引进与年轻人培养项目经费。

二、付款方式
  协议签订后，甲方一次性将 15 万元（大写：壹拾伍万元整）汇入乙方指定账户（户名：希丰科技股份有限公司　开户行：中国银行北京海淀支行　账号：265008811666）。

三、其他约定
1. 乙方保证 15 万元资金到位后，全部用于该项工作，不得挪作他用。
2. 乙方组织实施人才专项资金项目，项目期限为一年。乙方每半年向市科工信局和市人才办报告项目实施情况，项目结束后报送项目总结报告。
3. 本协议一式肆份，甲乙双方各执两份。经甲乙双方签字并盖章后生效。

附件：关于拨付 2019 年度人才开发专项资金的函

甲方（盖章）：
甲方代表：周波
日　期：2019 年 6 月 15 日

乙方（盖章）：
乙方代表：希丰
日期：2019 年 6 月 15 日

图 3-183　政府人才开发专项资金拨付协议书

经济业务48：收到税务局退回的增值税即征即退的款项

业务描述：6月30日，收到税务局退回的增值税即征即退的款项。

原始单据为退税凭证（如图3-184所示）。

图3-184　退税凭证

计算题：已知5月份的软件销售收入为4 124 896.95元，根据表3-6的期初数据，计算税务局应退回的上月增值税即征即退额。

表3-6　科目余额表

期间：2019年5月			
科目编码	科目名称	方向	期末余额 本币
222102	应交税费/未交增值税	贷	839047.09
22210201	应交税费/未交增值税—软件	贷	701232.48
22210202	应交税费/未交增值税—商品	贷	132657.38
22210203	应交税费/未交增值税—服务	贷	5157.23
222105	应交税费/应交增值税	贷	300148.76
222108	应交税费/应交城市维护建设税	贷	58733.30
222113	应交税费/应交教育费附加	贷	41952.35
222115	应交税费/应交个人所得税	贷	70126.49

经济业务49：支付中国教育发展基金会捐赠款

业务描述：2019年6月29日，全国职业高校技能大赛举办，公司作为大赛赞助商，通过中国教育发展基金会捐款130万元，直销管理部陈聪颖报销该笔捐赠款。

原始单据有支出凭单、付款回单、行政事业性收费发票、捐赠协议书、税前扣除资格名单公告（如图3-185～图3-189所示）。

支 出 凭 单

预算项目 ______
大 项 目 ______

部门 直销管理部 2019 年 6 月 29 日

即 付 2019年全国职业院校技能大赛赞助费

______ 款 银行付讫 对方科目编号

计人民币： 壹佰叁拾万元整 小写： ¥1,300,000.00

领款人： 陈聪颖	会计	主管人员	柯俊生	出纳员	付讫

财务主管： 朱翘新 上级主管： 吴弘易 部门经理： 蒋小云

图 3-185 支出凭单

付 款 回 单 招商银行 CHINA MERCHANTS BANK

日期： 2019年6月29日 业务类型：网上企业银行支付 流水号： G66003R563A310A
付款账号： 110907863010301
付款人户名： 希丰科技股份有限公司
开户行： 招商银行北京分行清华园支行
金额（大写）： 人民币壹佰叁拾万元整
（小写）： CNY1,300,000.00
收款人户名： 中国教育发展基金会
收款人账号： 0114014210006004 业务编号：20190629132934
收款人开户行： 中国民生银行北京金融街支行
凭证种类：
摘要： 捐款 凭证号码：20190629
经办： G86000 第1次打印 请避免重复

招商银行股份有限公司 电子回单专用章

回单编号：3010029270486 回单验证码： E562-59RD-2RF2-7E62
提示：1. 电子回单验证码相同表示同一笔业务回单，请勿重复记账使用。
2. 已在银行柜台领用业务回单的单位，请注意核对，勿重复记账使用。
打印时间：2019年6月29日16时21分

图 3-186 付款回单

公益事业捐赠统一票据
UNIFIED INVOICE OF DONATION FOR PUBLIC WELFARE

捐赠单位 希丰科技股份有限公司 2019 年 6 月 29 日 No 1100445869

捐赠项目 For purpose	实物（外币）种类 Material objects (Currency)	数量 Amount	金额 Total amount 千	百	十	万	千	百	十	元	角	分
教育捐款（职技）			¥	1	3	0	0	0	0	0	0	0
金额合计（小写）In Figures			¥	1	3	0	0	0	0	0	0	0
金额合计（大写）In Words		×仟壹佰叁拾零万零仟零佰零元零角零分										

第二联 收据

接受单位（盖章） Receiver's Seal 复核人： Verified by 开票人： 张雨波 Handing Person

感谢您对公益事业的支持！Thank you for support of public welfare

（印章：财政票据监制 中央 财政部监制；中国教育发展基金会 财务专用章）

图 3-187 行政事业性收费发票

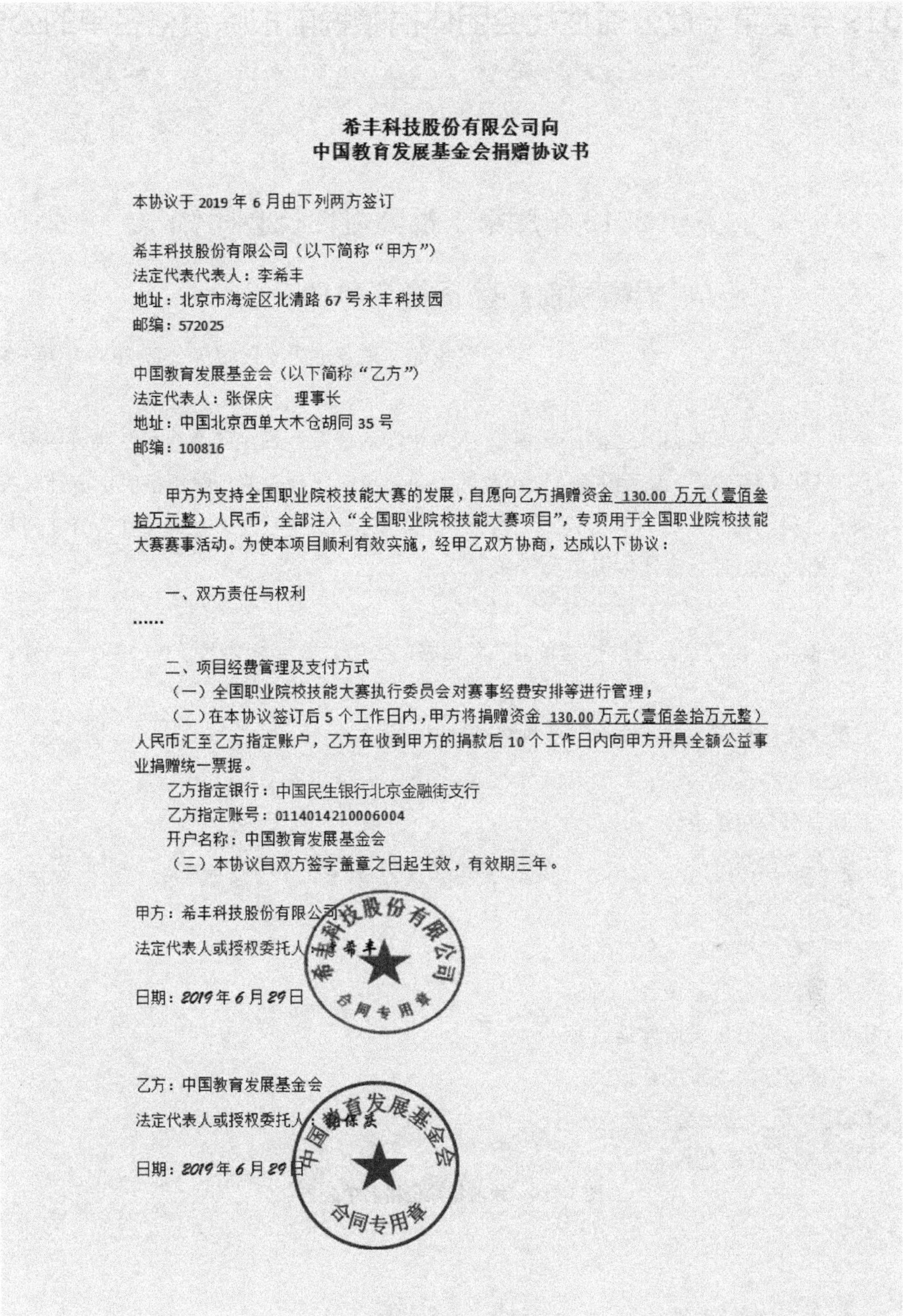

希丰科技股份有限公司向
中国教育发展基金会捐赠协议书

本协议于 2019 年 6 月由下列两方签订

希丰科技股份有限公司（以下简称"甲方"）
法定代表代表人：李希丰
地址：北京市海淀区北清路 67 号永丰科技园
邮编：572025

中国教育发展基金会（以下简称"乙方"）
法定代表人：张保庆　理事长
地址：中国北京西单大木仓胡同 35 号
邮编：100816

甲方为支持全国职业院校技能大赛的发展，自愿向乙方捐赠资金 130.00 万元（壹佰叁拾万元整）人民币，全部注入"全国职业院校技能大赛项目"，专项用于全国职业院校技能大赛赛事活动。为使本项目顺利有效实施，经甲乙双方协商，达成以下协议：

一、双方责任与权利
······

二、项目经费管理及支付方式
（一）全国职业院校技能大赛执行委员会对赛事经费安排等进行管理；
（二）在本协议签订后 5 个工作日内，甲方将捐赠资金 130.00 万元（壹佰叁拾万元整）人民币汇至乙方指定账户，乙方在收到甲方的捐款后 10 个工作日内向甲方开具全额公益事业捐赠统一票据。
乙方指定银行：中国民生银行北京金融街支行
乙方指定账号：0114014210006004
开户名称：中国教育发展基金会
（三）本协议自双方签字盖章之日起生效，有效期三年。

甲方：希丰科技股份有限公司
法定代表人或授权委托人：李希丰
日期：2019 年 6 月 29 日

乙方：中国教育发展基金会
法定代表人或授权委托人：张保庆
日期：2019 年 6 月 29 日

图 3-188　捐赠协议书

2019年度第一批公益性社会团体捐赠税前扣除资格名单的公告

2019-10-28

关于2019年度第一批公益性社会团体
捐赠税前扣除资格名单的公告

财政部　税务总局　民政部公告2019年第69号

根据《中华人民共和国企业所得税法》及《中华人民共和国企业所得税法实施条例》有关规定，按照《财政部　国家税务总局民政部关于公益性捐赠税前扣除资格确认审批有关调整事项的通知》（财税〔2015〕141号）有关要求，现将2019年度第一批符合公益性捐赠税前扣除资格的公益性社会团体名单公告如下：

2019年度第一批符合公益性捐赠税前扣除资格的公益性社会团体名单

1. 国家能源集团公益基金会（原神华公益基金会）
2. 爱佑慈善基金会
3. 陈香梅公益基金会
4. 安利公益基金会
5. 中国红十字基金会
6. 中国社会福利基金会
7. 中国教育发展基金会
8. 中国马克思主义研究基金会
9. 中国留学人才发展基金会
10. 中国航天基金会
11. 南都公益基金会

图3-189　税前扣除资格名单公告

经济业务 50：支付侵权赔偿款

业务描述：6 月 10 日，某图片公司状告希丰公司在市场宣传时擅自使用的某张图片，侵犯了图片所有人的著作权。经法庭调解，希丰公司支付侵权赔偿款 4000 元，并向该图片公司道歉。企业管理部的法务人员林靓报销该笔赔偿款。

原始单据有支出凭单、付款回单、民事调解书（如图 3-190 ～图 3-192 所示）。

支出凭单

预算项目 ______
大 项 目 ______

部门 企业管理部　　2019 年 6 月 10 日

即付 民事调解书著作权侵权赔偿

银行付讫

______款　　对方科目编号

计人民币：肆仟元整　　小写：¥4,000.00

领款人：林靓　　会计主管人员 杨永霞　　出纳 付讫

财务主管：　　上级主管：　　部门经理：陈佳鑫

图 3-190　支出凭单

付款回单　　招商银行 CHINA MERCHANTS BANK

日期：2019年6月10日　　业务类型：网上企业银行支付　　流水号：G66000R113AXG0J
付款账号：110907863010301
付款人户名：希丰科技股份有限公司
开户行：招商银行北京分行清华园支行
金额（大写）：人民币肆仟元整
（小写）：CNY4,000.00
收款人户名：北京美好景象图片有限公司
收款人账号：87207022220001013361　　业务编号：20190610132934
收款人开户行：中国民生银行股份有限公司北京工体北路支行
凭证种类：
摘要：赔偿款　　凭证号码：20190610
经办：G86000　　第1次打印　请避免重复

回单编号：3010029270737　　回单验证码：A292-46FC-DDB2-9AB2
提示：1. 电子回单验证码相同表示同一笔业务回单，请勿重复记账使用。
2. 已在银行柜台领用业务回单的单位，请注意核对，勿重复记账使用。

打印时间：2019年6月10日16时21分

招商银行股份有限公司 电子回单专用章

招商银行股份有限公司北京分行清华园支行 2019.6.10

图 3-191　付款回单

图 3-192 民事调解书

经济业务 51：月底统一与文印公司结算本月文印费用

业务描述：希丰公司每月各部门有大量的文件打印与装订工作，公司将该工作外包给附近的文印公司。6 月 30 日，人力行政部王钰涛与文印公司结算本月公司各部门的文印费用。

原始单据有费用报销单，增值税专用发票抵扣联、发票联，付款回单，文印制作明细（如图 3-193 ～图 3-196、表 3-7 所示）。

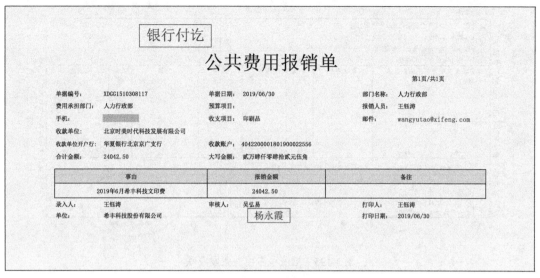

图 3-193　公共费用报销单

图 3-194　增值税专用发票抵扣联

图 3-195 增值税专用发票发票联

图 3-196 付款回单

表 3-7 文印制作明细表

2019 年 6 月希丰文印制作明细						
日期	姓名	部门	分机号	金额（元）	不含税金额（元）
6月9日	许嘉莹	直销管理部	32822	1594.20	1503.96
6月11日	许嘉莹	直销管理部	32822	797.91	752.75
6月13日	许嘉莹	直销管理部	32822	1856.00	1750.94
6月15日	许嘉莹	直销管理部	32822	2139.00	2017.92
6月16日	许嘉莹	直销管理部	32822	962.30	907.83

续表

2019年6月希丰文印制作明细					
日期	姓名	部门	分机号	金额（元）	不含税金额（元）
6月17日	许嘉莹	直销管理部	32822	1382.00	1303.77
6月18日	许嘉莹	直销管理部	32822	963.00	908.49
6月19日	许嘉莹	直销管理部	32822	2545.00	2400.94
6月20日	许嘉莹	直销管理部	32822	1137.00	1072.64
6月21日	施玮琪	直销管理部	32856	632.40	596.60
6月22日	柯如诗	直销管理部	32859	536.00	505.66
6月24日	陈聪颖	直销管理部	32896	1061.00	1000.94
6月26日	许嘉莹	直销管理部	32822	1935.50	1825.94
6月28日	许嘉莹	直销管理部	32822	2215.00	2089.62
小计				19 756.31	18 638.03
6月10日	黄志伟	人力行政部	32863	259.00	244.34
6月13日	黄志伟	人力行政部	32863	192.00	181.13
6月16日	黄志伟	人力行政部	32863	156.00	147.17
6月18日	黄志伟	人力行政部	32863	332.00	313.21
6月19日	黄志伟	人力行政部	32863	95.00	89.62
6月21日	黄志伟	人力行政部	32863	300.00	283.02
6月23日	黄志伟	人力行政部	32863	500.00	471.70
6月25日	黄志伟	人力行政部	32863	325.00	306.60
6月27日	黄志伟	人力行政部	32863	271.00	255.66
6月29日	黄志伟	人力行政部	32863	157.39	148.48
小计				2587.39	2440.93
6月11日	许冬冬	研发管理部	32921	95.00	89.62
6月13日	许冬冬	研发管理部	32921	82.00	77.36
6月16日	许冬冬	研发管理部	32921	183.00	172.64
6月18日	许冬冬	研发管理部	32921	216.00	203.77
6月19日	许冬冬	研发管理部	32921	76.00	71.70
6月20日	许冬冬	研发管理部	32921	312.00	294.34
6月21日	许冬冬	研发管理部	32921	185.00	174.53
6月22日	许冬冬	研发管理部	32921	269.00	253.77
6月25日	许冬冬	研发管理部	32921	146.00	137.74
6月28日	许冬冬	研发管理部	32921	134.80	127.17
小计				1698.80	1602.64
合计：				24 042.50	22 681.60

经济业务52：月底结算员工班车费用

业务描述：公司为员工提供班车接送服务，班车费用每人每月400元（含税），费用由公司人力行政部承担。6月30日，人力行政部王钰涛与班车租赁公司结算6月份员工班车费用。

原始单据有福利培训费报销单，增值税专用发票抵扣联、发票联，付款回单，费用明细表（如图 3-197～图 3-200、表 3-8 所示）。

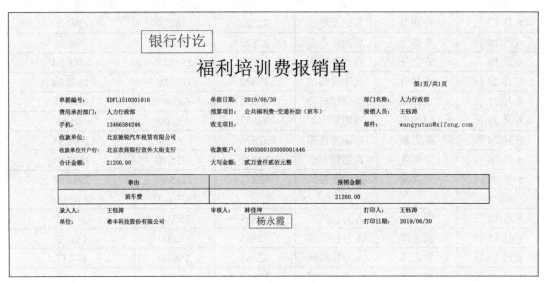

图 3-197　福利培训费报销单

图 3-198　增值税专用发票抵扣联

图 3-199 增值税专用发票发票联

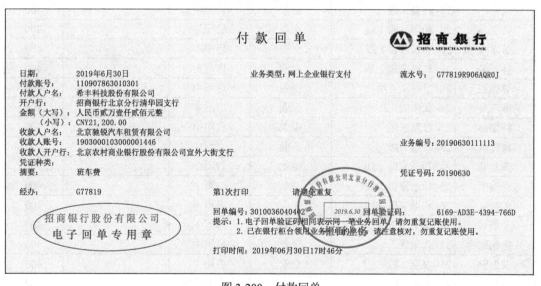

图 3-200 付款回单

表 3-8 费用明细表

2019年6月希丰公司员工班车费用明细					
员工姓名	线路名称	支付类型	启用状态	到期/注销时间	费用（元）
尹诗晴	25-农垦1线	企业	启用中		400
陈友彬	26-和谐家园1线	企业	启用中		400
康紫琳	26-和谐家园1线	企业	启用中		400
黄家乐	26-和谐家园1线	企业	启用中		400

续表

2019年6月希丰公司员工班车费用明细					
员工姓名	线路名称	支付类型	启用状态	到期/注销时间	费用(元)
李剑豪	29-宝盛里1线	企业	启用中		400
陈玮	31-长阳线	企业	启用中		400
蔡锦波	25-农垦2线	企业	启用中		400
何怀斌	26-和谐家园1线	企业	启用中		400
李杏驰	26-和谐家园1线	企业	启用中		400
罗建刚	26-和谐家园1线	企业	启用中		400
林育毅	29-宝盛里2线	企业	启用中		400
陈梓敬	32-长阳线	企业	启用中		400
黄庭轩	25-农垦3线	企业	启用中		400
蔡庭钰	26-和谐家园1线	企业	启用中		400
谢乔鹏	26-和谐家园1线	企业	启用中		400
李震文	26-和谐家园1线	企业	启用中		400
陈雅红	29-宝盛里3线	企业	启用中		400
郭嘉欣	33-长阳线	企业	启用中		400
欧阳冲	25-农垦4线	企业	启用中		400
张玉莲	26-和谐家园1线	企业	启用中		400
彭豪鸿	26-和谐家园1线	企业	启用中		400
孙正昊	26-和谐家园1线	企业	启用中		400
曾韵恒	29-宝盛里4线	企业	启用中		400
苏清泉	34-长阳线	企业	启用中		400
柯如诗	25-农垦5线	企业	启用中		400
施玮琪	25-农垦2线	企业	启用中		400
陈聪颖	26-和谐家园1线	企业	启用中		400
许嘉莹	26-和谐家园1线	企业	启用中		400
王哲凯	26-和谐家园1线	企业	启用中		400
王丽娜	29-宝盛里2线	企业	启用中		400
陈铭聪	32-长阳线	企业	启用中		400
黄舒宁	25-农垦3线	企业	启用中		400
张嘉鸿	26-和谐家园1线	企业	启用中		400
王钰涛	26-和谐家园1线	企业	启用中		400
黄志伟	26-和谐家园1线	企业	启用中		400
郑丽丽	29-宝盛里3线	企业	启用中		400
杨永霞	33-长阳线	企业	启用中		400
许晨鹭	25-农垦4线	企业	启用中		400
肖萌蕾	26-和谐家园1线	企业	启用中		400
庄嘉博	26-和谐家园1线	企业	启用中		400
林佳钧	26-和谐家园1线	企业	启用中		400
施慧滢	29-宝盛里4线	企业	启用中		400

续表

2019年6月希丰公司员工班车费用明细

员工姓名	线路名称	支付类型	启用状态	到期/注销时间	费用（元）
施正鑫	34-长阳线	企业	启用中		400
张丽	25-农垦5线	企业	启用中		400
阴启瑞	26-和谐家园1线	企业	启用中		400
许鸿渊	26-和谐家园1线	企业	启用中		400
吴汉杰	26-和谐家园1线	企业	启用中		400
邱逸伦	29-宝盛里5线	企业	启用中		400
吴遵霆	35-长阳线	企业	启用中		400
黄慧萍	25-农垦6线	企业	启用中		400
姚鸿钦	25-农垦3线	企业	启用中		400
邱弘徽	26-和谐家园1线	企业	启用中		400
蔡渲渲	26-和谐家园1线	企业	启用中		400
			费用合计：		21 200

经济业务53：月底与餐饮公司结算员工餐补

业务描述：公司对员工有餐饮补贴，每人每天13元。6月30日，人力行政部王钰涛与餐饮公司（公司食堂）结算6月份员工餐补费用。

原始单据有福利培训费报销单，餐费增值税专用发票抵扣联、发票联，餐费结算明细，付款回单（如图3-201～图3-204、表3-9所示）。

图3-201 福利培训费报销单

图 3-202　增值税专用发票抵扣联

图 3-203　增值税专用发票发票联

表 3-9　餐费结算明细

2019 年 6 月希丰公司员工餐饮费用明细				
员工姓名	证件号	补助金额	补助批次	补助发放日期
吴弘易	000101	299	0927	201906271112
张诚毅	000102	299	0927	201906271112
施新河	000103	299	0927	201906271112

续表

2019年6月希丰公司员工餐饮费用明细				
员工姓名	证件号	补助金额	补助批次	补助发放日期
吴雅玲	000104	299	0927	201906271112
陈晓东	000105	299	0927	201906271112
许冬冬	000106	299	0927	201906271112
林怡航	000107	299	0927	201906271112
蔡以周	000108	299	0927	201906271112
尹诗晴	000109	299	0927	201906271112
陈友彬	000110	299	0927	201906271112
康紫琳	000111	299	0927	201906271112
黄家乐	000112	299	0927	201906271112
李剑豪	000113	299	0927	201906271112
陈玮	000114	299	0927	201906271112
蔡锦波	000115	299	0927	201906271112
何怀斌	000116	299	0927	201906271112
余媛媛	000117	299	0927	201906271112
李杏驰	000118	299	0927	201906271112
罗建刚	000119	299	0927	201906271112
林育毅	000120	299	0927	201906271112
陈梓敬	000121	299	0927	201906271112
黄庭轩	000122	299	0927	201906271112
蔡庭钰	000123	299	0927	201906271112
谢乔鹏	000124	299	0927	201906271112
李震文	000125	299	0927	201906271112
蔡晓蔚	000126	299	0927	201906271112
陈雅红	000127	299	0927	201906271112
郭嘉欣	000128	299	0927	201906271112
欧阳冲	000129	299	0927	201906271112
张玉莲	000130	299	0927	201906271112
彭豪鸿	000131	299	0927	201906271112
孙正昊	000132	299	0927	201906271112
曾韵恒	000133	299	0927	201906271112
苏清泉	000134	299	0927	201906271112
蒋小云	000135	299	0927	201906271112
褚智贤	000136	299	0927	201906271112
吴优	000137	299	0927	201906271112
邹南征	000138	299	0927	201906271112
林炜伦	000139	299	0927	201906271112
吴秋煌	000140	299	0927	201906271112
柯如诗	000141	299	0927	201906271112

续表

2019年6月希丰公司员工餐饮费用明细				
员工姓名	证件号	补助金额	补助批次	补助发放日期
施玮琪	000142	299	0927	201906271112
陈聪颖	000143	299	0927	201906271112
许嘉莹	000144	299	0927	201906271112
蔡载炜	000145	299	0927	201906271112
陈珊妮	000146	299	0927	201906271112
王源鑫	000147	299	0927	201906271112
陈彩蓉	000148	299	0927	201906271112
周雄林	000149	299	0927	201906271112
许雅茹	000150	299	0927	201906271112
李泽铧	000151	299	0927	201906271112
王榕旭	000152	299	0927	201906271112
林家劲	000153	299	0927	201906271112
姚刘畅	000154	299	0927	201906271112
施晓钰	000155	299	0927	201906271112
张成昀	000156	299	0927	201906271112
彭斌祥	000157	299	0927	201906271112
施子豪	000158	299	0927	201906271112
林锦源	000159	299	0927	201906271112
邱泽锴	000160	299	0927	201906271112
庄嘉博	000161	299	0927	201906271112
林佳钧	000162	299	0927	201906271112
施慧滢	000163	299	0927	201906271112
施正鑫	000164	299	0927	201906271112
张丽	000165	299	0927	201906271112
阴启瑞	000166	299	0927	201906271112
许鸿渊	000167	299	0927	201906271112
吴汉杰	000168	299	0927	201906271112
范雯鑫	000169	299	0927	201906271112
郭源	000170	299	0927	201906271112
邱逸伦	000171	299	0927	201906271112
陈铭淦	000172	299	0927	201906271112
吴遵霆	000173	299	0927	201906271112
黄慧萍	000174	299	0927	201906271112
柯铭烨	000175	299	0927	201906271112
柯晓虹	000176	299	0927	201906271112
林鸿霖	000177	299	0927	201906271112
陈朝帏	000178	299	0927	201906271112
林诗怡	000179	299	0927	201906271112

续表

2019年6月希丰公司员工餐饮费用明细				
员工姓名	证件号	补助金额	补助批次	补助发放日期
王霆锴	000180	299	0927	201906271112
赖汶鸿	000181	299	0927	201906271112
邱世铭	000182	299	0927	201906271112
邱育祺	000183	299	0927	201906271112
丁双婷	000184	299	0927	201906271112
姚鸿钦	000185	299	0927	201906271112
邱弘徽	000186	299	0927	201906271112
蔡渲渲	000187	299	0927	201906271112
陈佳鑫	000188	299	0927	201906271112
林靓	000189	299	0927	201906271112
王哲凯	000190	299	0927	201906271112
王丽娜	000191	299	0927	201906271112
林佳坤	000192	299	0927	201906271112
陈铭聪	000193	299	0927	201906271112
黄舒宁	000194	299	0927	201906271112
张嘉鸿	000195	299	0927	201906271112
王钰涛	000196	299	0927	201906271112
黄志伟	000197	299	0927	201906271112
朱煜新	000198	299	0927	201906271112
柯俊生	000199	299	0927	201906271112
郑丽丽	000200	299	0927	201906271112
杨永霞	000201	299	0927	201906271112
许晨鹭	000202	299	0927	201906271112
肖萌蕾	000203	299	0927	201906271112
	费用合计：	30 797		

图 3-204　付款回单

经济业务 54：月底结算房租费

业务描述：6月30日，人力行政部王钰涛与永丰产业园结算第三季度房租费用。财务分摊本月房租费用。

原始单据有公共费用报销单，增值税专用发票抵扣联、发票联，付款回单，租房合同（如图 3-205～图 3-209 所示）。

发票审核要点：取得的增值税专用发票需要看备注是否明确列示租赁房屋具体地址，无列示需退回重开。

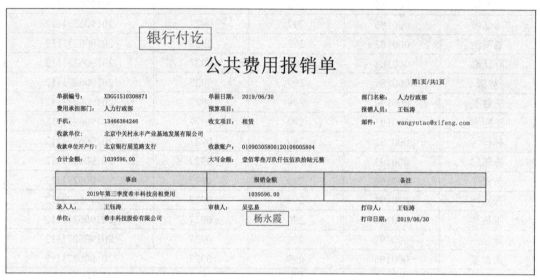

图 3-205　公共费用报销单

图 3-206　增值税专用发票抵扣联

图 3-207 增值税专用发票发票联

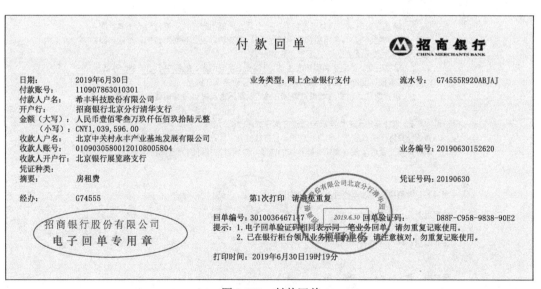

图 3-208 付款回单

房屋租赁续签补充协议

出租方：北京中关村永丰产业基地发展有限公司（以下简称甲方）

承租方：希丰科技股份有限公司（以下简称乙方）

　　甲、乙双方于 2019 年 6 月 30 日签订《房屋租赁合同》（合同编号：JYCH-2019-012，以下简称原合同），租赁位于北京市 海淀区北清路 67 号永丰科技园房屋办公。现经双方协商，达成以下一致意见：

　　一、续租合同期限：自 2019 年 7 月 1 日至 2020 年 6 月 30 日止。

　　二、办公场地清单：

场地位置	建筑面积	租金标准	月租金	年费用合计
24号楼E座1层	1283.45m²	3.15/天/m²	121,286元	1455434.4元
24号楼E座2层	1466.80m²	3.15/天/m²	138,613元	1663353.6元
24号楼E座3层	916.75m²	3.15/天/m²	86,633元	1039596元
合计	3667.00m²			4158384元

　　三、续租期间租金标准：甲乙双方约定，该房屋租赁期间每日每建筑平米租金为人民币：3.15元，不含物业管理费，乙方支付租金、物业管理费的方式为支票、汇款或现金。

　　四、办公电费整层独立计量，每月按照计量支付，非整层办公场地电费按照整层面积比例分摊。电费标准1.40元/度。

　　五、付款方式：

　　1、甲乙双方确认，房屋租金按照 三 个月为一期进行支付。首付租金于本合同签署后 五 日内支付，其余租金在每一期前10日内支付。乙方逾期支付的，每逾一日，则乙方应按当期租金的万分之五支付违约金。

　　2、租赁期间，使用该房屋所发生的 通信费、互联网费、数据中心租赁费 等费用均由乙方承担。支付标准、方式和时间均按园区相关规定执行。

　　3、租赁期间，租赁场地如有调整，双方以实际情况进行协商调整，另行签订补充协议。

　　4、本补充协议未约定事项以双方签订的原合同为准。

　　六、补充协议一式陆份，甲方执肆份，乙方执贰份，经双方法定代表人或授权委托人签字并加盖公章后生效。本补充协议未约定事项参照双方签订的原合同执行。

出租方：北京中关村永丰产业基地发展有限公司

法定代表人：任一华

签约日期：2019年6月30日

承租方：希丰科技股份有限公司

法定代表人：李希丰

签约日期：2019年6月30日

图 3-209　租房合同

经济业务 55：月底结算物业费

业务描述：6月30日，人力行政部王钰涛与永丰产业园结算下季度物业费用，财务分摊本月物业费用。

原始单据有公共费用报销单，增值税专用发票抵扣联、发票联，付款回单（如图 3-210～图 3-213 所示）。

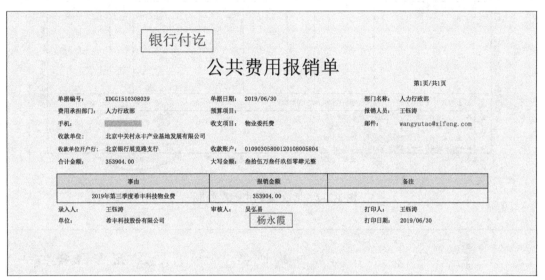

图 3-210 公共费用报销单

图 3-211 增值税专用发票抵扣联

图 3-212 增值税专用发票发票联

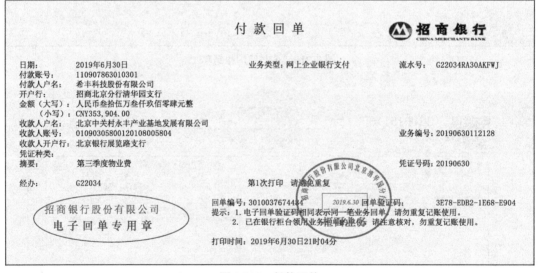

图 3-213 付款回单

经济业务 56：月底结算公司电费

业务描述：6 月 30 日，人力行政部王钰涛与永丰产业园结算本月电费支出。

原始单据有公共费用报销单，增值税专用发票抵扣联、发票联，能源费明细表，付款回单（如图 3-214～图 3-217、表 3-10 所示）。

3 高新软件行业的经济业务活动

公共费用报销单

银行付讫

第1页/共1页

单据编号：XDGG1510378199	单据日期：2019/06/30	部门名称：人力行政部
费用承担部门：人力行政部	预算项目：	报销人员：王钰涛
手机：	收支项目：电费	邮件：wangyutao@xifeng.com
收款单位：北京中关村永丰产业基地发展有限公司		
收款单位开户行：北京银行展览路支行	收款账户：0109030580012010800580 4	
合计金额：28959.00	大写金额：贰万捌仟玖佰伍拾玖元整	

事由	报销金额	备注
2019年6月希丰科技能源费	28959.00	

录入人：王钰涛	审核人：吴弘易	打印人：王钰涛
单位：希丰科技股份有限公司	杨永霞	打印日期：2019/06/30

图 3-214　公共费用报销单

图 3-215　增值税专用发票抵扣联

图 3-216 增值税专用发票发票联

表 3-10 能源费明细表

希丰科技股份有限公司 2019 年 6 月能源统计				十月	2019 年 6 月 1 日—2019 年 6 月 30 日			
位置	使用单位	电表号	倍率	上月读数	本月读数	用电量	单价（元）	金额（元）
16 号楼 E 座配电室	希丰科技	158080362097	20	1	1	0	1.4	0
16 号楼 E 座配电室	希丰科技	158080362597	15	468	485	255	1.4	357
16 号楼 E 座配电室	希丰科技	158080362589	15	5724	5970	3690	1.4	5166
16 号楼 E 座配电室	希丰科技	158080362098	15	39	39	0	1.4	0
16 号楼 E 座配电室	希丰科技	158080362341	20	1607	1609	40	1.4	56
16 号楼 E 座配电室	希丰科技	158080362248	20	2	2	0	1.4	0
16 号楼 E 座配电室	希丰科技	158080362336	15	4061	4225	2460	1.4	3444
16 号楼 E 座配电室	希丰科技	158080362811	15	2	2	0	1.4	0
16 号楼 E 座配电室	希丰科技	158080362813	20	2	2	0	1.4	0
16 号楼 E 座一层风机房	希丰科技	158080362527	40	928	968	1600	1.4	2240
16 号楼 E 座一层强电间	希丰科技	158080362786	40	2026	2103	3080	1.4	4312
16 号楼 E 座二层强电间	希丰科技	158080362743	40	2123	2200	3080	1.4	4312
16 号楼 E 座三层强电间	希丰科技	158080362711	40	3564	3726	6480	1.4	9072
合计						20 685		28 959

```
                            付 款 回 单                    招商银行
日期：        2019年6月30日        业务类型：网上企业银行支付    流水号：  G12655RC15BBV0J
付款账号：    110907863010301
付款人户名：  希丰科技股份有限公司
开户行：      招商银行北京分行清华园支行
金额（大写）：人民币贰万捌仟玖佰伍拾玖元整
    （小写）：CNY28,959.00
收款人户名：  北京中关村永丰产业基地发展有限公司
收款人账号：  01090305800120108005804                      业务编号： 20190630144034
收款人开户行：北京银行展览路支行
凭证种类：
摘要：        201906电费                                   凭证号码： 20190630
经办：        G12655
                              第1次打印  请避免重复
回单编号：3010039304991                回单验证码： E1CC-5C4F-EE48-DC31
提示：1. 电子回单验证码相同表示同一笔业务回单，请勿重复记账使用。
      2. 已在银行柜台领用业务回单的单位，请注意核对，勿重复记账使用。
打印时间：2019年6月30日19时52分
```

图 3-217 付款回单

经济业务 57：月底网银手续费的结算

业务描述：6 月 30 日，出纳肖萌蕾与银行结算本月网银转账手续费。

原始凭证为银行收费回单（如图 3-218、图 3-219 所示）。

```
                            收 费 回 单                    招商银行
日期：        2019年6月30日        业务类型：企业银行扣款    流水号：  G29637QC20A034J
付款账号：    110907863010301
付款人户名：  希丰科技股份有限公司
开户行：      招商银行北京分行清华园支行
实收金额：    CNY50.00
摘要：        网上银行服务费
收款人户名：  招商北京分行清华园支行
收费时段：    20190601-20190630
                              第1次打印  请避免重复
回单编号：4210028494624                回单验证码： 00A2-21A0-C236-EF0D
提示：1. 电子回单验证码相同表示同一笔业务回单，请勿重复记账使用。
      2. 已在银行柜台领用业务回单的单位，请注意核对，勿重复记账使用。
打印时间：2019年6月30日16时48分
```

图 3-218 银行收费回单(1)

图 3-219　银行收费回单（2）

经济业务 58：月底统计本月生日礼物购物卡发放数量

业务描述：6 月 30 日，人力资源部提交本月生日礼物购物卡发放记录，本月共发放 33 张购物卡（研发人员 20 张，销售人员 13 张）。

原始凭证为购物卡发放记录明细表（如表 3-11 所示）。

表 3-11　购物卡发放记录、明细表

购物卡发放记录明细表				
编号	部门	员工姓名	数量（张）	金额（元）
1	研发管理部	吴雅玲	1	100
2	研发管理部	陈晓东	1	100
3	研发管理部	许冬冬	1	100
4	研发管理部	林怡航	1	100
5	研发一部	蔡以周	1	100
6	研发一部	尹诗晴	1	100
7	研发一部	陈友彬	1	100
8	研发一部	康紫琳	1	100
9	研发一部	黄家乐	1	100
10	研发一部	李剑豪	1	100
11	研发一部	陈玮	1	100
12	研发一部	蔡锦波	1	100
13	研发一部	何怀斌	1	100
14	研发二部	余媛媛	1	100
15	研发二部	李杏驰	1	100
16	研发二部	罗建刚	1	100
17	研发二部	林育毅	1	100

续表

购物卡发放记录明细表				
编号	部门	员工姓名	数量（张）	金额（元）
18	研发二部	陈梓敬	1	100
19	研发二部	黄庭轩	1	100
20	研发二部	蔡庭钰	1	100
21	直销管理部	蒋小云	1	100
22	直销管理部	褚智贤	1	100
23	直销管理部	吴优	1	100
24	直销管理部	邹南征	1	100
25	直销管理部	林炜伦	1	100
26	直销管理部	吴秋煌	1	100
27	分销管理部	邱泽锴	1	100
28	分销管理部	庄嘉博	1	100
29	分销管理部	林佳钧	1	100
30	分销管理部	施慧滢	1	100
31	分销管理部	施正鑫	1	100
32	分销管理部	张丽	1	100
33	分销管理部	阴启瑞	1	100
总计			33	3300

3.5 月末处理

经济业务59：计算发出商品的成本，结转原材料领用成本与商品销售成本

业务描述：6月30日，使用全月一次加权平均法计算发出商品的成本，并结转原材料领用成本与商品销售成本。

原始单据为6月份发货成本计算单（见表3-12、表3-13）。

表3-12 6月份发货成本计算单（1）

产品编码	存货名称	单位	期初			本期购入			本期发出单价（元）
			数量	单价（元）	金额（元）	数量	单价（元）	金额（元）	
000001	光盘	张	2100	4.35	9137.53	3000	4.27	12 820.51	4.31
000002	U盘16G	个	200	30.77	6,153.85	50	27.78	1388.89	30.17
010401	安装光盘	张	100	4.35	435.00				4.35
010402	加密狗	个	300	30.77	9231.00				30.77
010301	印刷品	册	1000	10.00	10 000.00				10.00

续表

产品编码	存货名称	单位	期初			本期购入			本期发出单价（元）
			数量	单价（元）	金额（元）	数量	单价（元）	金额（元）	
010302	教辅材料	套	1000	11.31	11 305.20				11.31
000003	U盘64G	个				50	109.40	5470.09	109.40
010601	产品包装盒	个				500	8.55	4273.50	8.55
010602	空白表单	套				100	1,709.40	170 940.17	1709.40
010603	凭证打印纸	包				1,000	18.38	18 376.07	18.38
010107	外购软件					1	384 615.38	384 615.38	384 615.38
010501	机器人硬件					10	5128.20	51 282.00	5128.20
010502	服务器					10	47 008.55	470 085.50	47 008.55

表3-13 6月份发货成本计算单（2）

产品编码	存货名称	单位	本期发出单价	第19笔业务		第33笔业务	第34笔业务	第35笔业务	第36笔业务	
				数量	金额（元）	金额（元）	金额（元）	金额（元）	数量	金额（元）
000001	光盘	张	4.31	10	43.10					
000002	U盘16G	个	30.17	60	1810.20					
010401	安装光盘	张	4.35			1 4.35	1 4.35	1 4.35	1	4.35
010402	加密狗	个	30.77			100 3077.00	100 3077.00	100 3077.00	40	1230.80
010301	印刷品	册	10.00			100 1000.00				
010302	教辅材料	套	11.31			100 1131.00				
000003	U盘64G	个	109.40							
010601	产品包装盒	个	8.55			1 8.55	1 8.55	1 8.55	1	8.55
010602	空白表单	套	1709.40			1 1709.40	1 1709.40	1 1709.40	1	1709.40
010603	凭证打印纸	包	18.38			100 1838.00	100 1838.00	100 1838.00	40	735.20

续表

产品编码	存货名称	单位	本期发出单价	第19笔业务 数量	第19笔业务 金额（元）	第33笔业务 数量	第33笔业务 金额（元）	第34笔业务 数量	第34笔业务 金额（元）	第35笔业务 数量	第35笔业务 金额（元）	第36笔业务 数量	第36笔业务 金额（元）
010107	外购软件		384 615.38										
010501	机器人硬件		5128.20									8	41 025.60
010502	服务器		47008.55									2	94 017.10
合计					1853.30		8768.30		6637.30		6637.30		138 731.00

经济业务60：本月工资计提

业务描述：6月30日，计提本月职工工资及公司承担的五险一金。

原始单据：员工薪酬统计表。

经济业务61：本月资产计提折旧与摊销

业务描述：6月30日，计提本月固定资产的折旧和无形资产的摊销。

原始单据：固定资产与无形资产折旧摊销表。

经济业务62：本月应交增值税与附加税的计算与计提

业务描述：6月30日，计算本月应交的增值税及附加税，并做计提分录。

原始凭证为税金计算明细表（见表3-14）。

表3-14 税金计算明细表

期初留抵税额	0.00
本期进项税额	
软件	
商品	
固定资产	
服务	
本期销项税额	
软件	

续表

商品	
固定资产	
服务	
应交增值税	
应交城市维护建设税	
应交教育费附加	
应交地方教育费附加	
税金及附加	

经济业务 63：月末损益结转

U8 系统自动结转。

经济业务 64：本月所得税计提与结转

U8 系统自动结转。

经济业务 65：本年利润结转

U8 系统自动结转。

3.6 三大报表出具

在 U8 系统中出具资产负债表、利润表和现金流量表。

4 审计相关事项

4.1 高新技术企业认定需提交材料

高新技术企业申请认定流程（见图 4-1）在 1.3 中已经提及，高新技术企业认定申请流程第一步是企业进行自我评价，然后进行注册登记，提交材料。

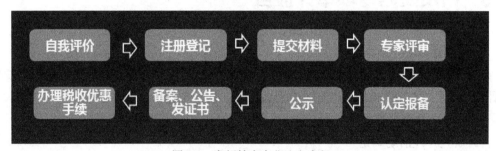

图 4-1 高新技术企业认定流程

高新技术企业认定中需要提交以下材料。

1. 高新技术企业认定申请书。

2. 证明企业依法成立的相关注册登记证件。

3. 知识产权相关材料、科研项目立项证明、科技成果转化、研究开发的组织管理等相关材料。

4. 企业高新技术产品（服务）的关键技术和技术指标、生产批文、认证认可和相关资质证书、产品质量检验报告等相关材料。

5. 企业职工和科技人员情况说明材料。

6. 经具有资质的中介机构出具的企业近三个会计年度研究开发费用报告和近一个会计年度高新技术产品（服务）收入专项审计或鉴证报告，并附研究开发活动说明材料。

7. 经具有资质的中介机构鉴证的企业近三个会计年度的财务会计报告（包括会计报表、会计报表附注和财务情况说明书）。

8. 近三个会计年度企业所得税年度纳税申报表。

从上述需要提交材料中可以发现，企业需要提交一份经具有资质的中介机构出具的近三个会计年度年审报告和两份专项审计报告 [近三个会计年度研发费用报告和近一个会计年度高新技术产品（服务）收入专项审计或鉴证报告]。

4.2 中介机构条件

1. 具备独立执业资格，成立三年以上，近三年内无不良记录。

2. 承担认定工作当年的注册会计师或税务师人数占职工全年月平均人数的比例不低于 30%，全年月平均在职职工人数在 20 人以上。

3. 相关人员应具有良好的职业道德，了解国家科技、经济及产业政策，熟悉高新技术企业认定工作有关要求。

4.3 研发费用专项审计报告

1. 报告组成

研究开发费用审计报告由审计报告、研究开发费用结构明细表、研究开发活动情况表和研究开发费用结构明细表编制说明四部分组成。

2. 研究开发费用审计要点

1）研究开发活动确定

研究开发活动是指，为获得科学与技术（不包括社会科学、艺术或人文学）新知识，创造性运用科学技术新知识，或实质性改进技术、产品（服务）、工艺而持续进行的具有明确目标的活动。

注意，研究开发活动不包括企业对产品（服务）的常规性升级或对某项科研成果直接应用等活动（如直接采用新的材料、装置、产品、服务、工艺或知识等）。

高新技术企业认定申请，企业需要编制研究开发活动情况表，研究开发活动情况表如表 4-1 所示。

表 4-1 研究开发活动情况表

2016 年 1 月 1 日至 2018 年 12 月 31 日

编制单位：××××有限公司

项目编号	项目名称	项目来源	项目预算（万元）	项目起止时间	项目人数	研究成果
DR01						成果的名称或个数
DR02						
DR03						

续表

项目编号	项目名称	项目来源	项目预算（万元）	项目起止时间	项目人数	研究成果
DR04						
DR05						
DR06						
DR07						
DR08						
DR09						
DR10						

2）研发费用归集范围

（1）人员人工费用

人员人工费用包括企业科技人员的工资薪金、基本养老保险费、基本医疗保险费、失业保险费、工伤保险费、生育保险费和住房公积金，以及外聘科技人员的劳务费用。

（2）直接投入费用

直接投入费用是指企业为实施研究开发活动而实际发生的相关支出，包括：

①直接消耗的材料、燃料和动力费用。

②用于中间试验和产品试制的模具、工艺装备开发及制造费，不构成固定资产的样品、样机及一般测试手段购置费，试制产品的检验费。

③用于研究开发活动的仪器、设备的运行维护、调整、检验、检测、维修等费用，以及通过经营租赁方式租入的用于研发活动的固定资产租赁费。

（3）折旧费用与长期待摊费用

折旧费用是指用于研究开发活动的仪器、设备和在用建筑物的折旧费。

长期待摊费用是指研发设施的改建、改装、装修和修理过程中发生的长期待摊费用。

（4）无形资产摊销费用

无形资产摊销费用是指用于研究开发活动的软件、知识产权、非专利技术（专有技术、许可证、设计和计算方法等）的摊销费用。

（5）设计费用

设计费用是指为新产品和新工艺进行构思、开发和制造，进行工序、技术规范、规程制定、操作特性方面的设计等发生的费用，包括为获得创新性、创意性、突破性产品进行的创意设计活动发生的相关费用。

（6）装备调试费用与试验费用

装备调试费用是指工装准备过程中研究开发活动所发生的费用，包括研制特殊、专用的生产机器，改变生产和质量控制程序，或制定新方法及标准等活动所发生的费用。为大规模批量化和商业化生产所进行的常规性工装准备和工业工程发生的费用不能计入归集范围。

试验费用包括新药研制的临床试验费、勘探开发技术的现场试验费、田间试验费等。

（7）委托外部研究开发费用

委托外部研究开发费用是指企业委托境内外其他机构或个人进行研究开发活动所发生的费用（研究开发活动成果为委托方企业拥有，且与该企业的主要经营业务紧密相关）。委托外部研究开发费用的实际发生额应按照独立交易原则确定，按照实际发生额的80%计入委托方研发费用总额。

（8）其他费用

其他费用是指上述费用之外与研究开发活动直接相关的其他费用，包括技术图书资料费、资料翻译费、专家咨询费、高新科技研发保险费，研发成果的检索、论证、评审、鉴定、验收费用，知识产权的申请费、注册费、代理费，会议费、差旅费、通信费等。此项费用一般不得超过研究开发总费用的20%，另有规定的除外。

企业需要编制研究开发费用结构明细表，具体表样如表4-2所示。

表4-2 研究开发费用结构明细表

单位：万元

本期发生额	研究开发项目编号				
科目	RD01	RD02	RD03	RD04	RD05
一、内部研究开发投入额					
其中：人员人工					
直接投入					
折旧费用与长期费用摊销					
无形资产摊销费用					
设计费用					
装备调试费用与试验费用					
其他费用					
二、委托外部研究开发投入额					
其中：境内的外部研发投入额					
三、研究开发投入额（内、外部）小计					

3）审计要点

（1）研发费用占比要求

研发费用占比要求企业近三个会计年度（实际经营期不满三年的按实际经营时间计算，下同）的研究开发费用总额占同期销售收入总额的比例符合如下要求：

最近一年销售收入小于5000万元（含）的企业，比例不低于5%。

最近一年销售收入在5000万元至2亿元（含）的企业，比例不低于4%。

最近一年销售收入在2亿元以上的企业，比例不低于3%。

其中，企业在中国境内发生的研究开发费用总额占全部研究开发费用总额的比例不低于60%。

（2）研发费用归集审核要点

①人员人工费用

检查应付工资、应付福利费、管理费用明细账，全年各月份工资表、个人所得税申报表；劳动合同、参加社会保险资料；结合研发部门人员名单确定研发人员的工资、福利费是否真实，计算是否准确。对受雇的科研人员累计实际工作时间要有在183天以上证据。

②直接投入费用

检查管理费用、原材料明细账、原材料购入、发出、结存明细表、相关费用分配表等，确认其结转研发费用的合理性及金额的准确性。对于直接购入的能源、材料则检查购入的发票、运输单据、入库单、领料单等，确认其真实性及与研发项目的相关性。

③折旧费用与长期待摊费用

检查固定资产明细账、长期待摊费用明细账，检查被审计单位年度新增固定资产及长期待费用的发票、固定资产的申购单、入库单、验收单等。实地查看该部分设备，确定其是否真实存在，是否用于研发。

复核各项折旧、摊销的准确性。检查购入时已计入研发费用的项目是否重复计提折旧。

④无形资产摊销费用

检查无形资产明细账、管理费用明细账，检查无形资产购入发票、付款凭证、专有技术证书等资料，确认其真实性及摊销金额的准确性。

⑤设计费用

检查设计费用支出的发票，付款申请审批单据，确认其费用发生的真实性及金额的准确性。委托外部设计费需查看合同、协议等。

⑥装备调试费用与试验费用

为大规模批量化和商业化生产所进行的常规性工装准备和工业工程发生的费用不能计入。

⑦委托外部研究开发费用

检查管理费用明细账、与委托外部研发费用相关的明细账、委托外部研究开发的合同或协议，检查发票、付款凭证，确认其发生的真实性及金额计算的准确性，是否是关联交易。

⑧其他费用

检查管理费用明细账、费用分摊表，确认费用支出与研发项目的相关性及费用分摊的合理性。其他费用金额一般不得高于研发费用总额的20%。

4.4 高新技术产品（服务）收入明细专项审计报告

1. 报告的组成

高新技术产品（服务）收入明细专项审计报告由审计报告、收入明细表及收入明细表编制说明三部分构成。

2. 收入审计要点

1）高新技术产品（服务）收入

高新技术产品（服务）收入是指企业通过研发和相关技术创新活动，取得的产品（服务）收入与技术性收入的总和。对企业取得上述收入发挥核心支持作用的技术应属于《技术领域》规定的范围。其中，技术性收入包括：

（1）技术转让收入：企业技术创新成果通过技术贸易、技术转让所获得的收入。

（2）技术服务收入：企业利用自己的人力、物力和数据系统等为社会和本企业外的用户提供技术资料、技术咨询与市场评估、工程技术项目设计、数据处理、测试分析及其他类型的服务所获得的收入。

（3）接受委托研究开发收入：指企业承担社会各方面委托研究开发、中间试验及新产品开发所获得的收入。

2）高新技术产品（服务）收入占比要求

近一年高新技术产品（服务）收入占企业同期总收入的比例不低于60%。

3）高新技术产品（服务）收入明细表

见表4-3。

表4-3 高新技术产品（服务）收入明细表

2018年度

编制单位：北京×××有限公司　　　　　单位：万元

序号	项目	金额	对应知识产权
一	**产品销售收入**		
PS01			
PS02			
PS03			
PS…			
	小计		
二	**技术性服务收入**		
1	技术转让收入		
PS05			
PS06			
2	技术服务收入		
PS07			

续表

序号	项目	金额	对应知识产权
3	接受委托研究开发收入		
PS08			
	小计		
三	高新技术产品（服务）收入合计		

4）收入审核要点

审核主营业务收入明细账、库存商品明细账、确认收入的真实性、完整性及高新技术产品（服务）收入与非高新技术产品（服务）收入划分的准确性。

4.5 近三年财务会计报告

1. 报告的组成

财务会计报告由审计报告、财务报表、财务报表附注和财务情况说明书四部分组成。

2. 财务会计报告审核要点

财务会计报告审核和常规年审基本没有区别，按照常规审计来进行就可以。唯一需要注意的是高新认定审计中在财务情况说明书中需要核算或审定企业的流动比率、资产负债率、应收账款周转率、流动资产周转率、主营业务利润率、成本费用利润率、销售收入增长率、净资产增长率和总资产增长率等反映企业成长性的财务指标。

3. 财务会计报告注意事项

（1）高新技术企业认定中所要求的年度审计报告是企业近三个会计年度的审计报告，企业注册成立时间不足三年的按实际经营年限计算。

（2）出具三年审计报告，要求每年审计报告后面都附有会计师事务所的营业执照、两个注册会计师的证书复印件，而不是出具连续3年的一个审计报告。

（3）申请高新技术企业，要求三个年度的审计报告中净资产和销售额具有成长性。

说明：高新技术企业的认定主要是围绕着四个打分项展开的，须达到70分以上（不含70分）才能通过高新认定，而净资产和销售额的成长性指标在其中占20分，如果这一点满足不了，那另外三个打分项就要尽量满分，这样才有机会通过高新技术企业的认定。因为这对某些企业来说也是比较困难的，所以成长性是年度审计报告中优先考虑的指标。（四个打分项：知识产权≤30分；科技成果转化能力≤30分；研究开发组织管理水平≤20分；成长性≤20分。）

（4）关于净资产增长率和销售收入增长率的计算

净资产增长率 =1/2×（第二年末净资产÷第一年末净资产+第三年末净资产÷第二年末净资产）-1

销售收入增长率 =1/2×（第二年销售收入÷第一年销售收入+第三年销售收入÷第二年销售收入）-1

企业净资产增长率或销售收入增长率为负的，按0分计算。第一年末净资产或销售收入为0的，按后两年计算；第二年末净资产或销售收入为0的，按0分计算。

4.6 高新技术企业重新认定（复审）

根据《高新技术企业认定管理办法》，国家高新技术企业的有效期为三年，高新技术企业资格期满前三个月内，由企业向认定机构提出复审申请。不提出复审申请或复审不合格的，其高新技术企业资格到期自动失效。

4.7 高新技术企业年度备案

1. 科技部备案要求

根据《高新技术企业认定管理办法》（国科发火〔2016〕32号）第十三条规定，企业获得高新技术企业资格后，应每年5月底前在"高新技术企业认定管理工作网"填报上一年度知识产权、科技人员、研发费用、经营收入等年度发展情况报表。

2. 税务局备案要求

根据国家税务总局在2018年4月25日发布关于修订《企业所得税优惠政策事项办理办法》的公告（"国家税务总局公告2018年第23号"）规定，企业享受优惠事项采取"自行判别、申报享受、相关资料留存备查"的办理方式，也就是高新企业无需备案，只需妥善保管资料留存备查。需要保管的备查资料有：①高新技术企业资格证书；②高新技术企业认定资料；③知识产权相关材料；④年度主要产品（服务）发挥核心支持作用的技术属于《国家重点支持的高新技术领域》规定范围的说明，高新技术产品（服务）及对应收入资料；⑤年度职工和科技人员情况证明材料；⑥当年和前两个会计年度研发费用总额及占同期销售收入比例、研发费用管理资料以及研发费用辅助账，研发费用结构明细表；⑦省税务机关规定的其他资料。

5 税务相关事项

5.1 即征即退增值税退税申请(月度)

1. 软件产品即征即退申报流程为:申请备案—税务下户核实—退税申请—退税。

1)申请备案

软件产品如需享受即征即退增值税优惠政策,需要当地税务局申请备案。备案提交材料有:

(1)《税务资格备案表》2份(税务局下载)。

(2)省级软件产业主管部门认可的软件检测机构出具的检测证明材料原件及复印件。

(3)软件产业主管部门颁发的《软件产品登记证书》或著作权行政管理部门颁发的《计算机软件著作权登记证书》原件及复印件。

2)税务下户核查

软件产品增值税即征即退备案表格提交后,一般1—5个工作日内税政科的相关负责人会通知经办人员下户核实的具体时间。企业需注意以下事项:

(1)公司实际经营地址须与营业执照上面的地址一致,如不一致需要有充分合理的理由向税政人员解释;

(2)准备相关软件产品的软件著作权和软件产品检测报告原件以及复印件;

(3)研发人员需要演示各个软件产品,和税政人员讲解软件的相关模块及功能;

(4)会计人员需要准备好账务处理资料,尤其是研发费用的具体明细归集,税政人员会根据归集的研发费用具体明细核查相关的研发费用是否属实;

(5)工资表上的研发人员、管理人员需到场。税政人员随时可能询问相关人员,以证实研发人员的真实性。

税政人员实地核查完成后,1—5个工作日内会给企业开通"增值税申报表即征即退货物及加工修理修配劳务"模块。

3)退税申请

企业于次月申报期内申报增值税后,即可向税政科预约递交以下退税资料,需在首页右上角铅笔标明"共×张"(×为材料张数):

（1）《软件产品超税负退税审核表》一式一份（盖公章）（税务局下载）。

（2）《软件产品超税负计算表》一式一份（盖公章）。

（3）《自查情况表》一式一份（盖公章及法人签章、经办人员签章）。

（4）进项抵扣分项明细表（标注分配比率计算说明，签字盖公章）。

（5）认证结果通知书及清单（签名盖公章，并写上"本复印件与原件一致"）。

（6）《当月纯软或者嵌入式软件销售清单》一式一份（盖公章）。

（7）若是嵌入式软件，加送《硬件成本构成表》一式一份（盖公章）。

（8）根据上述清单顺序准备发票复印或防伪税控系统导出的开票清单一式一份（盖公章及多法人章，并写上"本复印件与原件一致"）。

（9）签订的合同复印件一式一份（盖公章及法人章，并写上"本复印件与原件一数"）。

（10）增值税申报表。

税政审核完毕，需准备以下资料去大厅受理：

（1）《退抵税申请审批表》一式四份（经办人签字盖公章）。

（2）入库税单复印件（盖章写与原件一致）。

以上资料都受理完毕，税政科审核通过后会在退税群里通知，企业准备以下资料到办税大厅办理退税申请：

（1）《退税申请报告》。

（2）税政审批过的《退抵税申请审批表》。

（3）填有公司税号、银行名称、银行账号的清单。

以上流程全部办理完成后，1～2个月内退税款会退到企业银行账户，企业可以自由支配退税款，以缓解企业资金压力。

2. 软件产品即征即退税额的计算

即征即退税额 = 当期软件产品增值税应纳税额 - 当期软件产品销售额 × 3%

当期软件产品增值税应纳税额 = 当期软件产品的销项税额 - 当期软件产品的可抵扣进项税额

当期软件产品销项税额 = 当期软件产品销售额 × 13%

5.2 年度企业所得税汇算清缴——研发费用加计扣除

1. 研发费用加计扣除留存备查资料

如第4章审计相关事项已提及，"国家税务总局公告2018年第23号"规定，企业享受所得税优惠事项采取"自行判别、申报享受、相关资料留存备查"的办理方式，即研发费用加计扣除无须事前办理企业所得税优惠备案，也无须再报送《企业所得税优惠事项备案表》和享受优惠所需要的相关资料。只需填写企业所得税申报表时享受即可。同时注意整理保存留存备查资料,以备税务机关后续核查。留存备查以下资料。

(1) 自主、委托、合作研究开发项目计划书和企业有权部门关于自主、委托、合作研究开发项目立项的决议文件。

(2) 自主、委托、合作研究开发专门机构或项目组的编制情况和研发人员名单。

(3) 经科技行政主管部门登记的委托、合作研究开发项目的合同。

(4) 从事研发活动的人员和用于研发活动的仪器、设备、无形资产的费用分配说明(包括工作使用情况记录)。

(5) 集中研发项目研发费用决算表、集中研发项目费用分摊明细情况表和实际分享收益比例等资料。

(6) "研发支出"辅助账。

(7) 企业如果已取得地市级(含)以上科技行政主管部门出具的鉴定意见,应作为资料留存备查。

2. 归集计算可加计扣除的研发费用

(1) 查询研发费用的明细账,挑出不能加计扣除的项目。

(2) 计算可加计扣除的研发费用的金额,计算加计扣除额。

(3) 填写企业所得税申报表。

教学支持说明

▶▶ 课件申请

尊敬的老师:

您好!感谢您选用清华大学出版社的教材!为更好地服务教学,我们为采用本书作为教材的老师提供教学辅助资源。该部分资源仅提供给授课教师使用,请您直接用手机扫描下方二维码完成认证及申请。

任课教师扫描二维码
可获取教学辅助资源

▶▶ 样书申请

为方便教师选用教材,我们为您提供免费赠送样书服务。授课教师扫描下方二维码即可获取清华大学出版社教材电子书目。在线填写个人信息,经审核认证后即可获取所选教材。我们会第一时间为您寄送样书。

任课教师扫描二维码
可获取教材电子书目

清华大学出版社

E-mail: tupfuwu@163.com 网址: http://www.tup.com.cn/
电话: 010-83470332 / 83470142 传真: 8610-83470107
地址: 北京市海淀区双清路学研大厦B座509室 邮编: 100084

非卖品

高新技术企业账务实操
（答案册）

一、软件产品研发业务

经济业务 1：产品经理外出调研

业务描述：6 月 8 日—6 月 11 日，研发一部的产品经理蔡以周从北京出发去厦门调研客户需求，6 月 12 日，提交差旅费报销单及相关原始单据报销出差费用。

（单据审核要点及业务讲解后附）

记账凭证如图 1-1 所示。

摘要	总账科目	明细科目	借方 千百十万千百十元角分	√	贷方 千百十万千百十元角分	√	
研发一部蔡以周报销外出调研差旅费	研发费用	研发专项业务（研专差旅费）	3 2 7 7 6 7				附件8张
	应交税费	应交增值税（进项税额）	2 2 5 3 3				
	库存现金				3 5 0 3 0 0		
合计							

会计主管：　　　记账：　　　出纳：　　　审核：柯俊生　　　制单：杨永霞

记账凭证 2019年 6月 12日 记字 第001号

图 1-1　外出调研记账凭证

单据审核要点

1. 取得的发票必须套印全国统一发票监制章，或者套印财政票据监制章。

2. 财务报销的票据必须是用于本人开展业务活动所发生的真实的合理的支出，不得报销用于个人娱乐消费的票据（如康体、娱乐、健身等票据），比如住店流水单上若有个人娱乐消费的项目则消费金额由个人承担，公司不予报销。

业务讲解：机票进项税抵扣

自 2019 年 4 月 1 日起，增值税一般纳税人购进国内旅客运输服务，可以作为进项税额抵扣的凭证有：增值税专用发票、增值税电子普通发票，注明旅客身份信息的航空运输电子客票行程单、铁路车票以及公路、水路等其他客票。其中需要计算抵扣进项税额的有：

1. 取得注明旅客身份信息的航空运输电子客票行程单的，按照下列公式计算进项税额：

航空旅客运输进项税额 =（票价 + 燃油附加费）÷（1+9%）×9%;

2. 取得注明旅客身份信息的铁路车票的，按照下列公式计算进项税额：

铁路旅客运输进项税额＝票面金额÷（1+9%）×9%；

3.取得注明旅客身份信息的公路、水路等客票的，按照下列公式计算进项税额：

公路、水路旅客运输进项税额＝票面金额÷（1+3%）×3%。

经济业务2：聘请咨询机构做行业咨询

业务描述 6月8日，研发一部聘请北京睿益博融科技公司的专家做行业分析，支付该公司咨询费用5282.00元。

（业务讲解后附）

记账凭证如图1-2所示。

记 账 凭 证
2019年 6月 08日　　　　　　　　记字 第002号

摘要	总账科目	明细科目	借方	贷方	附件
研发一部尹诗晴报销北京睿益博融的咨询费用	研发费用	研专项服务费（研专咨询费）	528200		3张
	银行存款	招商银行		528200	
合计			¥528200	¥528200	

会计主管：　　记账：　　出纳：　　审核：柯俊生　　制单：杨永霞

图1-2　咨询记账凭证

经济业务2-业务讲解：咨询费

咨询费 指委托人就相关事项从咨询人员或公司获得意见或建议而支付的报酬。

咨询费属于现代服务业，增值税税率为6%，征收率3%。

经济业务3：聘请外部专家做行业咨询

业务描述：6月9日，研发一部聘请供应链专家吴某给开发人员讲解煤炭行业采购流程，税后报酬为5600元；研发三部聘请财务专家刘某咨询最新的财税新政，税后报酬为4000元。因二人无法开具咨询费发票，公司将二人的咨询费用按劳务人员工资计算发放。

（业务讲解、小提示后附）

记账凭证如图1-3所示。

记 账 凭 证

2019年 6月 09 日   记字 第003号

摘要	总账科目	明细科目	借方 千百十万千百十元角分	贷方 千百十万千百十元角分
研发一部支付专家咨询费	研发费用	研人员费用（研外包费用）	666667	
研发三部支付专家咨询费	研发费用	研人员费用（研外包费用）	476190	
	应付职工薪酬	应付成本工资		1142857
合计			¥1142857	¥1142857

会计主管：　　记账：　　出纳：　　审核：柯俊生　　制单：杨永霞

附件 1 张

图 1-3　行业咨询记账凭证

经济业务 3- 业务讲解：支付给个人的劳务费

专家个人很少能提供发票（可以到税务局申请代开，但是很少人会去申请），公司一般是将该专家费用作为劳务费，列入工资表计提和发放。依据《中华人民共和国个人所得税法》及其实施细则、《个人所得税扣缴申报管理办法（试行）》（国家税务总局公告 2018 年第 61 号）和《国家税务总局关于个人所得税自行纳税申报有关问题的公告》（国家税务总局公告 2018 年第 62 号）的规定，劳务报酬跟工资薪金、稿酬所得和特许权使用费所得均并入综合所得，按照七级超额累进税率缴纳个人所得税，支付个人劳务报酬的单位或个人为个人所得税的扣缴义务人，按次或者按月预扣预缴税款。

劳务报酬预缴个人所得税计算公式如下：

劳务报酬所得应预扣预缴税额 = 预扣预缴应纳税所得额 × 预扣率 − 速算扣除数

预扣预缴应纳税所得额 = 劳务报酬所得 − 减除费用

其中，每次收入不超过四千元的，减除费用按八百元计算；每次收入四千元以上的，减除费用按百分之二十计算。

居民个人劳务报酬所得预扣率表：

级数	预扣预缴应纳税所得额	预扣率（%）	速算扣除数
1	不超过 20 000 元的	20	0
2	超过 20 000 元至 50 000 元的部分	30	2 000
3	超过 50 000 元的部分	40	7 000

经济业务 3- 小提示：月初发放工资（下月账务处理）

借：应付职工薪酬——应付成本工资　　11 428.57

贷：应交税费——应交个人所得税　　1 828.57

银行存款——招商银行　　9 600

经济业务 4：研发一部新产品项目立项

业务描述：6 月 10 日，研发一部组织召开新一代供应链产品 EPP3.0 产品开发立项会议，公司高层和专家进行立项评审，评审会议形成立项决议书，确定产品立项。

记账凭证如图 1-4 所示。

记 账 凭 证

2019年 6月 10日　　　　　　　　记字 第004号

摘要	总账科目	明细科目	借方	贷方
			千百十万千百十元角分	千百十万千百十元角分
研发一部报销立项会议费	研发费用	研专项业务费（研专会务）	500000	
研发一部报销立项专家招待费	研发费用	研专项业务费（研专招待）	122800	
	银行存款	招商银行		622800
合计			￥622800	￥622800

附件 5 张

会计主管：　　　记账：　　　出纳：　　　审核：柯俊生　　　制单：杨永霞

图 1-4　立项记账凭证

经济业务 5：研发三部产品升级版项目立项

业务描述：6 月 11 日，研发三部组织召开财务软件 CCS1.2 升级版产品立项会议，公司高层和专家进行立项评审，评审会议形成立项决议书，确定产品立项。

（业务讲解后附）

记账凭证如图 1-5 所示。

记 账 凭 证

2019年 6月 11日　　　　　　　　记字 第005号

摘要	总账科目	明细科目	借方	贷方
			千百十万千百十元角分	千百十万千百十元角分
研发三部蔡晓蔚报销产品升级立项会议费	研发费用	研专项业务费（研专会务）	260000	
	银行存款	招商银行		260000
合计			￥260000	￥260000

附件 4 张

会计主管：　　　记账：　　　出纳：　　　审核：柯俊生　　　制单：杨永霞

图 1-5　立项记账凭证

经济业务 5- 业务讲解：软件的升级

软件升级，指软件从低版本向高版本的升级。由于高版本常常修复低版本的部分 BUG，所以经历了软件升级，一般都会比原版本的性能更好，得到优化的效果，用户也能有更好的体验。

升级之后软件的版本号标识会不同。

比如我们现在用的用友的 U8 软件，是 10.1 版，在它之前有 861 版、872 版等，在它之后现在用友又出了升级版 12.0,12.1 等。

经济业务 6：研发开发项目组团队组建，部分开发任务外包

业务描述：6 月 11 日，研发一部组建 EPP3.0 产品开发项目组，该项目组需要 6 名开发工程师，现有人手不够，产品经理提出外包人员申请，需要外包开发工程师 3 名，申请已被研发总监、人力总监和总经理审批通过。6 月 12 日，研发管理部与人力外包公司北京弘毅知行科技公司签订外包用工协议。

（业务讲解后附）

协议签订、无须账务处理。

经济业务 6-业务讲解：劳务外包

如今对于企业而言，有一种省心的人事管理方法，就是把人事管理的部分或全部工作外包给一个服务机构来完成，叫做劳务外包。

一般来说，一些技术性的和事务性的工作，往往可以被外包。

劳务外包的好处：成本低廉，提高企业效益。通过外包，可以为企业节省大量办公费用，降低企业软硬件资源支出，免去企业管理者相关人事管理流程中大量机械重复性的工作，使管理者能投入到其他能使企业有效增值的管理活动中。

经济业务 7：本公司与外包公司月底结算外包费用

业务描述：6 月 30 日，研发管理部与外包公司结算人员外包服务费用，本月发生外包人员费用共 54 000 元。

记账凭证如图 1-6 所示。

记 账 凭 证

2019年 6月30日　　　　　　　　　　记字 第006号

摘要	总账科目	明细科目	借方 千百十万千百十元角分	√	贷方 千百十万千百十元角分	√	附件
研发管理部许嘉莹结算6月份外包人员费用	研发费用	研人员费用（研外包费用）	5 0 9 4 3 4 0				5张
	应交税费	应交增值税（进项-服务）	3 0 5 6 6 0				
	银行存款	招商银行			5 4 0 0 0 0 0		
合计			¥5 4 0 0 0 0 0		¥5 4 0 0 0 0 0		
会计主管：	记账：	出纳：	审核：柯俊生		制单：杨永霞		

图 1-6　外包费用记账凭证

经济业务 8：研发一部购买研发用固定资产（金额较大）

业务描述：6 月 13 日，研发一部为开发新产品测试需要，购买联想服务器 1 台。（业务审核要点、业务讲解后附）

记账凭证如图 1-7 所示。

记 账 凭 证

2019 年 6 月 13 日　　　　　　　　　　　　记字 第 007 号

摘要	总账科目	明细科目	借方 千百十万千百十元角分	√	贷方 千百十万千百十元角分	√	附件
研发一部何怀斌报销购买研发用固定资产	固定资产	计算机及电子设备	3362832				6张
	应交税费	应交增值税（进项—固资）	437168				
	银行存款	招商银行			3800000		
合计			¥3800000		¥3800000		
会计主管：	记账：	出纳：		审核：柯俊生		制单：杨永霞	

图 1-7　固定资产记账凭证

经济业务 8- 业务审核要点：固定资产购买要符合公司财务制度的规定

第 45 条 固定资产：指企业购买的使用期限超过 1 年的且单位价值达到 5000 元及以上的与生产、经营有关的设备、器具、工具等；单位价值低于 5 000 元，但使用年限达到一年的物品也作为固定资产管理。

第 48 条　固定资产的购买，原则上在年度预算范围内执行

第 49 条　固定资产报销采用线下报销方式，申请人手工填写《支出凭单》并将发票、采购合同复印件、付款信息、审批后的《固定资产申请表》作为附件提交给人力行政部，人力行政部收到单据后在 2 个工作日内编制固定资产《入库单》；申请人将《入库单》、《支出凭单》及相关附件交财务部。

第 50 条　财务部审核单据后支付款项。

第 51 条　固定资产采购原则上必须取得增值税专用发票，如遇特殊情况需事前与财务部进行沟通。

经济业务 8- 业务讲解：固定资产折旧与抵扣

1. 该项资产下月起计提折旧，计提的折旧费用入"研发费用—研公共费用—研折旧"

2. 在年终汇算清缴时，其金额不超过 500 万元，可以在税前一次性扣除。

政策依据：《财政部　税务总局关于设备器具扣除有关企业所得税政策的通知》（财税〔2018〕54 号）规定。企业在 2018 年 1 月 1 日至 2020 年 12 月 31

日期间新购进的设备、器具，单位价值不超过 500 万元的，允许一次性计入当期成本费用在计算应纳税所得额时扣除，不再分年度计算折旧。所称设备、器具，是指除房屋、建筑物以外的固定资产。

经济业务 9：研发管理部购买研发用固定资产（金额较小）

业务描述：6 月 13 日，研发管理部的 UI 设计师林怡航因工作需要，在京东上购买数位板，金额 2 500 元。

（业务讲解后附）

记账凭证如图 1-8 所示。

记 账 凭 证

2019年 6月 13日　　　　　　　　　　记字 第008号

摘要	总账科目	明细科目	借方 千百十万千百十元角分	贷方 千百十万千百十元角分	附件
研发管理部林怡航报销购买研发用固定资产款	固定资产	计算机及电子设备	2 5 0 0 0 0		3张
	银行存款	招商银行		2 5 0 0 0 0	
合计			¥ 2 5 0 0 0 0	¥ 2 5 0 0 0 0	
会计主管：	记账：	出纳：	审核：柯俊生	制单：杨永霞	

图 1-8　固定资产记账凭证

经济业务 9- 业务讲解：固定资产折旧与抵扣

1. 该项资产下月起计提折旧，由于金额低于 5 000 元，可以一次性全额计提折旧。计提的折旧费用入"研发费用—研公共费用—研折旧"

2. 在年终汇算清缴时，其金额可以在税前一次性扣除。

经济业务 10：研发人员购买图书资料费

业务描述：6 月 14 日，研发二部产品经理余媛媛报销购买研发用书籍费用。

（业务讲解、单据审核要点后附）

记账凭证如图 1-9 所示。

记 账 凭 证

2019年 6月 14日　　　　　　　　　记字 第009号

摘要	总账科目	明细科目	借方 千百十万千百十元角分	贷方 千百十万千百十元角分	附件
研发二部余媛媛报销研发书籍费用	研发费用	研专项业务费（研培训）	¥2 3 0 0 0		4张
	银行存款	招商银行		¥2 3 0 0 0	
合计			¥2 3 0 0 0	¥2 3 0 0 0	

会计主管：　　记账：　　出纳：　　审核：柯俊生　　制单：杨永霞

图 1-9　购书记账凭证

经济业务 10- 业务讲解：卷式发票

卷式发票：对开票单位来说，开票方便快捷，操作更简便！而且卷式发票结合了电脑小票和发票的双重功能。

以前只有营业税发票用过卷票，但是，从 2017 年开始增值税普通发票也可以用卷式发票了，所以你要是取得了 2017 年之后开的这种发票，可不要认为是假票哦。

政策依据：国家税务总局公告 2016 年第 82 号 "为了满足纳税人发票使用需要，税务总局决定自 2017 年 1 月 1 日起启用增值税普通发票（卷票）。"

增值税普通发票（卷票）分为两种规格：57mm×177.8mm 和 76mm×177.8mm，均为单联。

增值税普通发票（卷票）的发票代码为 12 位，编码规则：第 1 位为 0，第 2-5 位代表省、自治区、直辖市和计划单列市，第 6～7 位代表年度，第 8～10 位代表批次，第 11～12 位代表票种和规格，其中 06 代表 57mm×177.8mm 增值税普通发票（卷票）、07 代表 76mm×177.8mm 增值税普通发票（卷票）。

经济业务 10- 单据审核要点

1. 发票真伪：增值税普通发票（卷票）的防伪措施为光变油墨防伪。增值税普通发票（卷票）税徽使用光变油墨印制，直视颜色为金属金色，斜视颜色为金属绿色，显示效果明显、清晰。

2. 金额一致：购书的发票金额和购书清单合计金额应一致，检查清单上的所购书籍为研发相关书籍。

经济业务 11：研发人员加班交通费

业务描述：产品立项后，研发部门工作量加大，按照惯例，研发管理部规定每周二、周四晚上加班（晚上 6 点半—9 点）。6 月 30 日，研发三部开发工程师欧阳冲报销本月晚上加班打车费。

（单据审核要点后附）

记账凭证如图 1-10 所示。

记 账 凭 证

2019年 6月30日　　　　　　　　记字 第010号

摘要	总账科目	明细科目	借方	贷方	
研发三部欧阳冲报销加班打车费	研发费用	研专项业务费（研专交通）	257 16		附件3张
	库存现金			257 16	
合计			¥257 16	¥257 16	

会计主管：　　记账：　　出纳：　　审核：柯俊生　　制单：杨永霞

图 1-10　交通费记账凭证

经济业务 11- 单据审核要点

乘车日期与时间是否为加班日期时间点（比如周一至周五是否是晚 8:30 以后，周六日是否为上午 9 点之前，下午 5 点之后），金额和里程是否符合实际。

经济业务 12：研发人员晚上加班餐费

业务描述：6 月 30 日，研发三部产品经理蔡晓蔚报销本部门晚上员工加班餐费。

（单据审核要点后附）

无须记账凭证。

经济业务 12- 单据审核要点

1.重点审核是否符合加班餐费标准：每人每餐不超过 20 元（费用限额=20×9×12=2160）。

2.研发部门员工加班聚餐发生的餐费计入研发费用—研人员费用—研发福利。

3.计入福利费项目的发票，即便开的是增值税专用发票，其进项税也不能抵扣。

4.报销单据应是福利费报销单，不是招待费报销单。

5.账务处理：单据打回，让报销人重新填写。

经济业务 13：新产品第三方机构检测

业务描述：6 月 25 日，研发三部委托第三方评测机构检测其开发的软硬一体产品"办公助手－小红"，双方签订检测合同。该评测机构为小规模纳税人，委托税务局代开增值税专用发票。

（业务讲解后附）

记账凭证如图 1-11 所示。

记 账 凭 证

2019年 6月 25日　　　　　　　记字 第012号

摘要	总账科目	明细科目	借方 千百十万千百十元角分	√	贷方 千百十万千百十元角分	√
研发三部苏清泉报销第三方机构检测费	研发费用	研专项业务费（研专咨询）	1 9 4 1 7 4 8			
	应交税费	应交增值税（进项-服务）	5 8 2 5 2			
	银行存款	招商银行			2 0 0 0 0 0 0	
合计			¥ 2 0 0 0 0 0 0		¥ 2 0 0 0 0 0 0	

附件 5 张

会计主管：　　　记账：　　　出纳：　　　审核：柯俊生　　　制单：杨永霞

图 1-11　检测记账凭证

经济业务 13- 业务讲解：代开专用发票

小规模纳税人发生应税行为，购买方索取增值税专用发票的，可以向主管税务机关申请代开。

代开发票审核要点：

1．"单价"栏和"金额"栏分别填写不含增值税税额的单价和销售额；

2．"税率"栏填写增值税征收率；

3．销货单位栏填写代开税务机关的统一代码和代开税务机关名称；

4．销方开户银行及账号栏内填写税收完税凭证号码；

5．备注栏内注明增值税纳税人的名称和纳税人识别号。

6．增值税纳税人应在代开专用发票的备注栏上，加盖本单位的财务专用章或发票专用章。

经济业务 14：新产品内部产品评审

业务描述：6 月 30 日，研发三部的 CCS1.2 升级版研发完毕，质量总监陈晓东组织召开专家新产品评审会，进行产品的内部评审。

记账凭证如图 1-12 所示。

记账凭证

2019年 6月 30日　　　　　　　　记字 第013号

摘要	总账科目	明细科目	借方	贷方	
研发管理部陈晓东报销产品内审会议费	研发费用	研专项业务费（研专会务）	566038		附件5张
	应交税费	应交增值税（进项-服务）	33962		
	银行存款	招商银行		600000	
合计			¥600000	¥600000	
会计主管：	记账：	出纳：	审核：柯俊生	制单：杨永霞	

图 1-12　评审记账凭证

经济业务 15：新产品的外部检测（软件测评中心评测）

业务描述：6 月 25 日，研发二部测试工程师谢乔鹏提交其部门上月研发完成的软件产品 IRV2.1 至工业和信息化部计算机与微电子发展研究中心（中国软件评测中心）进行检测，报销检测费用。

记账凭证如图 1-13 所示。

记账凭证

2019年 6月 25日　　　　　　　　记字 第014号

摘要	总账科目	明细科目	借方	贷方	
研发二部谢乔鹏报销软件评测中心检测费	研发费用	研专项业务费（研专咨询）	566038		附件4张
	应交税费	应交增值税（进项-服务）	33962		
	银行存款	招商银行		600000	
合计			¥600000	¥600000	
会计主管：	记账：	出纳：	审核：柯俊生	制单：杨永霞	

图 1-13　检测记账凭证

经济业务 16：新产品商标的申报和注册

业务描述：2019 年 6 月 30 日，研发管理部的许冬冬办理 IRV2.1 产品的商标申报，委托某知识产权代理公司代为办理商标申报和注册事宜。

（业务讲解后附）

记账凭证如图 1-14 所示。

一、软件产品研发业务

记 账 凭 证

2019年 6月30日　　　　　　　　　记字 第015号

摘要	总账科目	明细科目	借方 千百十万千百十元角分	√	贷方 千百十万千百十元角分	√
研发管理部许冬冬报销商标申报和代理费	研发费用	研专项服务费（研专咨询）	5 2 8 3 0 2			
	应交税费	应交增值税（进项-服务）	3 1 6 9 8			
	银行存款	招商银行			5 6 0 0 0 0	
合计			¥560000		¥560000	

会计主管：　　记账：　　出纳：　　审核：柯俊生　　制单：杨永霞

附件 4 张

图 1-14　申报注册记账凭证

经济业务 16- 业务讲解：商标

简单地说，商标就是商品的牌子，是商品的生产者和经营者为了使自己生产或经营的商品同其他商品生产者或者经营者生产或经营的商品区别开来而使用的一种标记。这种标记通常由文字、图形英文、数字的组合构成。

商标注册，是指商标使用人将其使用的商标依照法律规定的条件和程序，向国家商标主管机关（国家工商总局商标局）提出注册申请，经国家商标主管机关依法审查，准予注册登记的法律事实。在中国，商标注册是商标得到法律保护的前提，是确定商标专用权的法律依据。商标使用人一旦获准商标注册，就标志着它获得了该商标的专用权，并受到法律的保护。

商标注册成功后，就是企业的一种无形资产，可以通过转让，许可给他人使用，或质押来转换实现其价值。

商标注册过程比较繁琐，一般是委托代理机构办理。

经济业务 17：新产品客户验证

业务描述：6 月 28 日，研发三部派测试工程师曾韵恒去北京盟三有限责任公司做 CCS1.2 升级版的客户升级验证，6 月 29 日验证完毕，报销相关费用。

记账凭证如图 1-15 所示。

记账凭证

2019年 6月28日　　　　　　　记字 第016号

摘要	总账科目	明细科目	借方 千百十万千百十元角分	√	贷方 千百十万千百十元角分	√
研发三部曾韵恒报销因客户验证而产生的交通费	研发费用	研专项业务费（研专交通）	1 6 7 0 0			
	库存现金				1 6 7 0 0	
合计			¥1 6 7 0 0		¥1 6 7 0 0	

会计主管：　　记账：　　出纳：　　审核：柯俊生　　制单：杨永霞

附件 3 张

图 1-15　交通费记账凭证

经济业务 18：发版配套的资料制作与印刷

业务描述：6 月 30 日，研发管理部委托文印店印刷软件的发版说明、使用手册等，许冬冬报销印刷费用。

记账凭证如图 1-16 所示。

记账凭证

2019年 6月30日　　　　　　　记字 第017号

摘要	总账科目	明细科目	借方 千百十万千百十元角分	√	贷方 千百十万千百十元角分	√
研发管理部许冬冬报销产品发版资料印刷费	研发费用	研专项业务费（研专印刷）	4 8 5 4 4			
	应交税费	应交增值税（进项税额）	1 4 5 6			
	库存现金				5 0 0 0 0	
合计			¥5 0 0 0 0		¥5 0 0 0 0	

会计主管：　　记账：　　出纳：　　审核：柯俊生　　制单：杨永霞

附件 3 张

图 1-16　印刷费记账凭证

经济业务 19：刻制发版盘

业务描述：6 月 30 日，研发三部的曾韵恒从企管部领用 10 张光盘，用于刻制产品发版盘，领用 60 个 U 盘（16G），用于制作 CCS1.2 的产品加密狗。

无须记账凭证。

经济业务 20：产品发版庆祝会

经济业务：6 月 30 日，CCS1.2 更新版研发测试完毕，正式发版，研发三部全体员工举行发版庆祝会，蔡晓蔚报销聚会餐费。

记账凭证如图 1-17 所示。

记 账 凭 证

2019年 6月 30日　　　　　　　记字 第019号

摘要	总账科目	明细科目	借方 千百十万千百十元角分	√	贷方 千百十万千百十元角分	√	
研发三部蔡晓蔚报销发版	研发费用	研人员费用（福利费）	50000				附件 2 张
庆祝聚餐费用	库存现金				50000		
合计			¥50000		¥50000		
会计主管：	记账：	出纳：	审核：柯俊生		制单：杨永霞		

图 1-17 餐费记账凭证

二、采购业务活动

经济业务 21：采购原材料和商品

业务描述：2019 年 6 月 13 日，研发管理部提交原材料和商品采购申请并经领导审核，企管部王丽娜根据审核后的申请单采购原材料和商品。原材料和商品已办理入库，发票已开具。款项 30 天后支付。

记账凭证如图 2-1 所示。

记 账 凭 证

2019年 6月13日　　　　　　　　　记字 第020号

摘要	总账科目	明细科目	借方	贷方	
企管部采购原材料和商品	原材料		21326923		附件3张
	应交税费	应交增值税（进项-商品）	2772500		
	应付账款	北京天畅亿源		24099423	
合计			¥24099423	¥24099423	

会计主管：　　记账：　　出纳：　　审核：柯俊生　　制单：杨永霞

图 2-1　采购记账凭证

经济业务 22：采购开发过程中用到的软件

业务描述：6 月 11 日，研发一部在研发 EPP3.0 过程中需要添加审计模块，由于缺乏自主开发专业人员，决定从市场上直接采购一款成熟的审计软件，将其功能整合到 EPP3.0 中。该软件产品已投入研发过程。

记账凭证如图 2-2 所示。

记 账 凭 证

2019年 6月11日　　　　　　　　　记字 第021号

摘要	总账科目	明细科目	借方	贷方	
研发一部购买开发用软件	原材料	外购软件	39823009		附件5张
	应交税费	应交增值税（进项-软件）	5176991		
	银行存款	招商银行		45000000	
合计			¥45000000	¥45000000	

会计主管：　　记账：　　出纳：　　审核：柯俊生　　制单：杨永霞

图 2-2　采购记账凭证

经济业务 23：外购软件用于直接销售

业务描述：6 月 11 日，研发一部购入 10 套审计软件，款项未付。公司计划将这 10 套软件同自主研发的软件搭配销售。

记账凭证如图 2-3 所示。

记 账 凭 证

2019年 6 月 11 日　　　　记字 第022号

摘要	总账科目	明细科目	借方 千百十万千百十元角分	贷方 千百十万千百十元角分	
研发一部采购直接销售的软件	库存商品	外购软件	3 9 8 2 3 0 0 8 9		附件3张
	应交税费	应交增值税（进项—商品）	5 1 7 6 9 9 1 2		
	应付账款	陕西方舟		4 5 0 0 0 0 0 0 0	
合计			¥ 4 5 0 0 0 0 0 0 0	¥ 4 5 0 0 0 0 0 0 0	
会计主管：	记账：	出纳：	审核：柯俊生	制单：杨永霞	

图 2-3　采购记账凭证

经济业务 24：采购开发过程中用到的硬件

业务描述：6 月 13 日，研发三部研发的"财务助手－小蓝"产品，属于软硬一体产品，需要在硬件设备上开发软件代码，研发三部本月购买 10 套硬件设备并已投入研发。

记账凭证如图 2-4 所示。

记 账 凭 证

2019年 6 月 13 日　　　　记字 第023号

摘要	总账科目	明细科目	借方 千百十万千百十元角分	贷方 千百十万千百十元角分	
研发三部购买研发用硬件设备	库存商品	机器人硬件	5 3 0 9 7 3 5		附件4张
	应交税费	应交增值税（进项—商品）	6 9 0 2 6 5		
	应付账款	北京国信神州		6 0 0 0 0 0 0	
合计			¥ 6 0 0 0 0 0 0	¥ 6 0 0 0 0 0 0	
会计主管：	记账：	出纳：	审核：柯俊生	制单：杨永霞	

图 2-4　采购记账凭证

经济业务 25：外购硬件设备直接销售

业务描述：6 月 13 日，研发三部购买戴尔服务器 10 台，每台含税单价 55 000 元，准备和其研发的软件产品配套销售。

记账凭证如图 2-5 所示。

记 账 凭 证

2019年 6月13日　　　　　　　记字 第024号

摘要	总账科目	明细科目	借方 千百十万千百十元角分	√	贷方 千百十万千百十元角分	√	
研发三部购买直接销售的硬件设备	库存商品	服务器	4 8 6 7 2 5 6 6				附件4张
	应交税费	应交增值税（进项—商品）	6 3 2 7 4 3 4				
	应付账款	北京北纬恒达			5 5 0 0 0 0 0 0		
合计			¥ 5 5 0 0 0 0 0 0		¥ 5 5 0 0 0 0 0 0		

会计主管：　　记账：　　出纳：　　审核：柯俊生　　制单：杨永霞

图 2-5　采购记账凭证

经济业务 26：采购办公用品

业务描述：6 月 8 日，人力行政部王钰涛报销购买办公用品费用。

记账凭证如图 2-6 所示。

记 账 凭 证

2019年 6月08日　　　　　　　记字 第025号

摘要	总账科目	明细科目	借方 千百十万千百十元角分	√	贷方 千百十万千百十元角分	√	
人力行政部王钰涛报销办公用品费用	管理费用	管公共费用（管办公）	2 9 5 9 5 0 0				附件4张
	银行贷款	招商银行			2 9 5 9 5 0 0		
合计			¥ 2 9 5 9 5 0 0		¥ 2 9 5 9 5 0 0		

会计主管：　　记账：　　出纳：　　审核：柯俊生　　制单：杨永霞

图 2-6　采购记账凭证

三、售前市场宣传与售前方案打单

经济业务 27：新产品市场宣传资料制作

业务描述：2019 年 6 月 27 日，直销管理部向某印刷公司定制印刷新产品 CCS1.2 升级版的市场宣传手册，许嘉莹报销印刷费用。

记账凭证如图 3-1 所示。

记 账 凭 证

2019年 6月 27日　　　　　记字 第026号

摘要	总账科目	明细科目	借方 千百十万千百十元角分	贷方 千百十万千百十元角分	
直销管理部许嘉莹报销印刷费用	销售费用	销专业务费（销专印刷）	5 6 7 9 6 1 2		附件5张
	应交税费	应交增值税（进项税额）	1 7 0 3 8 8		
	银行存款	招商银行		5 8 5 0 0 0 0	
合计			¥ 5 8 5 0 0 0 0	¥ 5 8 5 0 0 0 0	
会计主管：	记账：	出纳：	审核：柯俊生	制单：杨永霞	

图 3-1　印刷费记账凭证

经济业务 28：在博鳌论坛宣传公司新产品

业务描述：6 月 25 日，中国企业家博鳌论坛召开，直销管理部与传播公司签订合约，在论坛召开期间宣传公司产品，直销管理部陈聪颖报销本次宣传费用。

记账凭证如图 3-2 所示。

记 账 凭 证

2019年 6月 25日　　　　　记字 第027号

摘要	总账科目	明细科目	借方 千百十万千百十元角分	贷方 千百十万千百十元角分	
直销管理部陈聪颖报销博鳌论坛宣传费用	销售费用	销专业务费（销专宣传）	1 6 3 1 0 6 8		附件5张
	应交税费	应交增值税（进项税额）	4 8 9 3 2		
	银行存款	招商银行		1 6 8 0 0 0 0	
合计			¥ 1 6 8 0 0 0 0	¥ 1 6 8 0 0 0 0	
会计主管：	记账：	出纳：	审核：柯俊生	制单：杨永霞	

图 3-2　宣传费记账凭证

经济业务 29：分销伙伴业务拓展大会

业务描述：6月15日，分销管理部为了业务拓展，在成都召开分销伙伴大会，会议结束后，庄嘉博报销本次活动费用。

原始单据审核发现问题：报销单中的租车、食品、餐费的报销金额与后面票据的金额不符，且无快递费票据。报销单据打回，由报销人修改。

经济业务 30：售前工程师去客户处宣讲产品方案，进行售前打单

业务描述：6月17日，直销管理部售前工程师邹南征前往长春，向有意向客户讲解产品方案，进行售前打单，报销其出差费用。

（业务讲解后附）

记账凭证如图 3-3 所示。

记 账 凭 证

2019年 6月 17日 　　　　　　记字 第029号

摘要	总账科目	明细科目	借方	贷方
直销管理部邹南征报销售前打单差旅费	销售费用	销专业务费（销专差旅）	53500	
	银行存款	招商银行		53500
合计			¥53500	¥53500

会计主管：　　记账：　　出纳：　　审核：柯俊生　　制单：杨永霞

附件6张

图 3-3　差旅费记账凭证

经济业务 30- 业务讲解：机票费用在差旅费报销单上为何为空

该业务出差往返机票在携程商旅上预订，月底公司与携程结算，出差人不承担机票费用，无须提供机票信息。

四、销售洽谈与客户考察

经济业务 31：分公司人员拜访客户，进行销售洽谈

业务描述：6 月 18 日，直销北方区销售专员周雄林拜访售前打单的客户，进一步沟通合作意向。

记账凭证如图 4-1 所示。

记 账 凭 证

2019年 6 月 18 日　　　　　记字 第030号

摘要	总账科目	明细科目	借方 千百十万千百十元角分	√	贷方 千百十万千百十元角分	√
直销北方区周雄林报销 客户拜访交通费	销售费用 银行存款	销专业务费（销专交通） 招商银行	5000		5000	
合计			¥5000		¥5000	
会计主管：	记账：	出纳：	审核：柯俊生		制单：杨永霞	

附件 3 张

图 4-1　交通费记账凭证

经济业务 32：客户来公司实地考察，直销管理部负责业务宣传与招待

业务描述：6 月 20 日，意向合作企业相关人员来公司实地考察，直销管理部的林炜伦负责安排专家和领导与对方进行业务洽谈。

记账凭证如图 4-2 所示。

记 账 凭 证

2019年 6 月 20 日　　　　　记字 第031号

摘要	总账科目	明细科目	借方 千百十万千百十元角分	√	贷方 千百十万千百十元角分	√
直销管理部林炜伦报销 客户招待费	销售费用 银行存款	销专业务费（销专招待） 招商银行	183300		183300	
合计			¥183300		¥183300	
会计主管：	记账：	出纳：	审核：柯俊生		制单：杨永霞	

附件 4 张

图 4-2　招待费记账凭证

五、合同签订与销售发货

经济业务 33：自产软件产品销售，客户为公司法人

业务描述：5 月份，吉林长白山股份有限公司和希丰签订 EPP2.0 的购买合同。6 月 22 日，软件安装测试完毕，客户开具产品验收确认单，希丰据此开具销售发票并确认收入。

记账凭证如图 5-1 所示。

记 账 凭 证

2019年 6月 22日　　　　　　　　　　记字 第032号

摘要	总账科目	明细科目	借方	贷方	
销售给吉林长白山股份有限公司一套自产软件	应收账款	应收软件款（应收软件直销款）	200000000		附件3张
	主营业务收入	软件收入（自产软件收入）		176991150	
	应交税费	应交增值税（销项税额）		23008850	
合计			¥200000000	¥200000000	
会计主管：	记账：	出纳：	审核：柯俊生	制单：杨永霞	

图 5-1　销售产品记账凭证

经济业务 34：自产软件产品销售，客户为行政单位

业务描述：6 月 23 日，北京市一家行政事业单位购买的希丰公司软件产品 EPP2.0 产品验收完毕，客户开具产品验收确认单，公司据此开具销售发票并确认收入。

记账凭证如图 5-2 所示。

记 账 凭 证

2019年 6月 22日　　　　　　　　　　记字 第033号

摘要	总账科目	明细科目	借方	贷方	
销售给北京市环保监测中心一套自产软件	应收账款	应收软件款（应收软件直销款）	200000000		附件3张
	主营业务收入	软件收入（自产软件收入）		176991150	
	应交税费	应交增值税（销项税额）		23008850	
合计			¥200000000	¥200000000	
会计主管：	记账：	出纳：	审核：柯俊生	制单：杨永霞	

图 5-2　销售产品记账凭证

经济业务 35：软件产品的销售，客户为学校（学校为事业单位）

业务描述：6 月 23 日，北京市职业技术学院购买的希丰公司软件产品 EPP2.0 产品验收完毕，客户开具产品验收确认单，公司据此开具销售发票并确认收入。

记账凭证如图 5-3 所示。

记 账 凭 证

2019年 6 月 22 日　　　　　记字 第034号

摘要	总账科目	明细科目	借方 千百十万千百十元角分	√	贷方 千百十万千百十元角分	√
销售给北京市职业技术学院一套自产软件	应收账款	应收软件款（应收软件直销款）	200000000			
	主营业务收入	软件收入（自产软件收入）			176991150	
	应交税费	应交增值税（销项税额）			23008850	
合计			¥200000000		¥200000000	

会计主管：　　记账：　　出纳：　　审核：柯俊生　　制单：杨永霞

附件3张

图 5-3　销售产品记账凭证

经济业务 36：软硬一体产品的销售，客户为公司法人

业务描述：5 月份，与浙江肖特然铭有限公司签订销售合同，销售软硬一体商品"办公助手－小红"8 套，及配套的服务器 2 台。客户将硬件和软件全部安装测试完毕后开具验收确认单，6 月 23 日，希丰公司依据验收确认单开具销售发票。

（业务讲解后附）

记账凭证如图 5-4、图 5-5 所示。

记 账 凭 证

2019年 6 月 23 日　　　　　记字 第035-1/2号

摘要	总账科目	明细科目	借方 千百十万千百十元角分	√	贷方 千百十万千百十元角分	√
销售给浙江肖特然铭有限公司软硬一体产品	应收账款	应收软件款（应收软件分销款）	150000000			
	应收账款	应收商品款	21294000			
	主营业务收入	软件收入（自产软件收入）			132743363	
	主营业务收入	商品销售收入（商品分销）			5384071	
	主营业务收入	商品销售收入（商品分销）			13460177	
合计						

会计主管：　　记账：　　出纳：　　审核：柯俊生　　制单：杨永霞

附件5张

图 5-4　销售产品记账凭证（1）

记 账 凭 证

2019年 6月 23日 记字 第035-2/2号

摘要	总账科目	明细科目	借方 千百十万千百十元角分	√	贷方 千百十万千百十元角分	√
销售给浙江肖特然铭软硬一体产品	应交税费	应交增值税（销项税额—软件）			1 7 2 5 6 6 3 7	
	应交税费	应交增值税（销项税额—商品）			2 4 4 9 7 5 2	
合计			¥ 1 7 1 2 9 4 0 0 0		¥ 1 7 1 2 9 4 0 0 0	
会计主管：	记账：	出纳：	审核：柯俊生		制单：杨永霞	

图 5-5　销售产品记账凭证（2）

经济业务 36- 业务讲解：软硬一体的产品销售收入确认

软硬一体的产品销售时，销售收入分别确认，软件入软件收入，硬件入硬件收入；成本也是分别结转。

经济业务 37：货款回收业务

业务描述：6 月 28 日，希丰公司收到上海家家乐有限公司的应收账款 138 000 元。

记账凭证如图 5-6 所示。

记 账 凭 证

2019年 6月 28日 记字 第036号

摘要	总账科目	明细科目	借方 千百十万千百十元角分	√	贷方 千百十万千百十元角分	√	
收到上海家家乐货款	银行存款	招商银行	1 3 8 0 0 0 0 0				附件1张
	应收账款	应收软件款（应收软件分销款）			1 3 8 0 0 0 0 0		
合计			¥ 1 3 8 0 0 0 0 0		¥ 1 3 8 0 0 0 0 0		
会计主管：	记账：	出纳：	审核：柯俊生		制单：杨永霞		

图 5-6　货款回收记账凭证

六、售后服务财务核算

经济业务 38：软件升级服务

业务描述：6 月 28 日，北京市知然科技有限公司要求希丰将其之前购买的软件升级到最新版本。因为已过免费升级期限，所以此次升级收取升级服务费（升级服务费为新版本软件标准价格的 20%）。

（业务讲解后附）

记账凭证如图 6-1、图 6-2 所示。

记 账 凭 证

2019年 6 月 28 日　　　　　　记字 第037-1号

摘要	总账科目	明细科目	借方 千百十万千百十元角分	√	贷方 千百十万千百十元角分	√
为北京知然公司提供软件	应收账款	应收服务款	2 4 0 0 0 0 0			
升级服务确认收入	主营业务收入	服务收入			2 2 6 4 1 5 1	
	应交税费	应交增值税（销项税额）			1 3 5 8 4 9	
合计			¥ 2 4 0 0 0 0 0		¥ 2 4 0 0 0 0 0	

会计主管：　　记账：　　出纳：　　审核：柯俊生　　制单：杨永霞

附件 2 张

图 6-1　升级服务记账凭证（1）

记 账 凭 证

2019年 6 月 28 日　　　　　　记字 第037-2号

摘要	总账科目	明细科目	借方 千百十万千百十元角分	√	贷方 千百十万千百十元角分	√
为北京知然公司提供软件	主营业务成本	应收服务款	5 0 0 0 0 0			
升级服务结转成本	应付职工薪酬	应付成本工资			5 0 0 0 0 0	
合计			¥ 5 0 0 0 0 0		¥ 5 0 0 0 0 0	

会计主管：　　记账：　　出纳：　　审核：柯俊生　　制单：杨永霞

附件 1 张

图 6-2　升级服务记账凭证（2）

经济业务 38- 业务讲解：软件升级收入及成本的确定

软件升级的报价一般为新版本标准价格的 20%，软件服务的成本按天计算，一般是一天一个人工 2 000 ~ 6 000 元，按级别不同，人工费用不同。该业务中服务人员的级别为 3B，人工成本核定为 2 500/ 天。

经济业务 39：软件的二次开发服务

业务描述：北京博晨科技有限公司是希丰的老客户，其在软件的使用过程中发现现有软件不能满足其特定的需求。希丰提出可以按照其特定要求专门开发软件功能，6 月 25 日，双方达成二次开发协议，开发时间为 2 个月，博晨先支付开发费用的 20%，待开发完成且验证完毕后再支付余下的费用。

记账凭证如图 6-3 所示。

记 账 凭 证

2019年 6 月 25 日　　　　　　　　记字 第038号

摘要	总账科目	明细科目	借方	贷方
预收北京博晨二次开发费用	银行存款	中国银行	2000000	
	预收账款			2000000
合计			¥2000000	¥2000000
会计主管：	记账：	出纳：	审核：柯俊生	制单：杨永霞

附件 2 张

图 6-3　开发记账凭证

七、其他经营活动

经济业务 40：缴纳上月增值税及附加税

业务描述：6月8日，税务会计缴纳 2019 年 5 月各项税费。

记账凭证如图 7-1、图 7-2 所示。

记 账 凭 证

2019年 6月 08日　　　　　　　记字 第039-1号

摘要	总账科目	明细科目	借方 千百十万千百十元角分	√	贷方 千百十万千百十元角分	√
缴纳5月份税款	应交税费	未交增值税（软件）	7 0 1 2 3 2 4 8			
	应交税费	未交增值税（商品）	1 3 2 6 5 7 3 8			
	应交税费	未交增值税（服务）	5 1 5 7 2 3			
	应交税费	应交城市维护建设税	5 8 7 3 3 3 0			
	应交税费	应交教育费附加	4 1 9 5 2 3 5			
合计						
会计主管：	记账：	出纳：	审核：柯俊生		制单：杨永霞	

附件 9 张

图 7-1　缴税记账凭证（1）

记 账 凭 证

2019年 6月 08日　　　　　　　记字 第039-2号

摘要	总账科目	明细科目	借方 千百十万千百十元角分	√	贷方 千百十万千百十元角分	√
缴纳5月份税款	应交税费	应交个人所得税	7 0 1 2 6 4 9			
	银行存款	招商银行			1 0 0 9 8 5 9 2 3	
合计			¥1 0 0 9 8 5 9 2 3		¥1 0 0 9 8 5 9 2 3	
会计主管：	记账：	出纳：	审核：柯俊生		制单：杨永霞	

附件 9 张

图 7-2　缴税记账凭证（2）

经济业务 41：购买购物卡，作为生日礼物

业务描述：6月8日，人力行政部的张嘉鸿从京东商城购买 100 张 100 元面值的购物卡，用于给本季度过生日的员工发生日礼物。

记账凭证如图 7-3 所示。

记 账 凭 证

2019年 6月 08日　　　　　　　　　记字 第040号

摘要	总账科目	明细科目	借方 千百十万千百十元角分	√	贷方 千百十万千百十元角分	√
购买购物卡	预付账款	京东商城	1000000			
	银行存款	招商银行			1000000	
合计			¥1000000		¥1000000	
会计主管：	记账：	出纳：	审核：柯俊生		制单：杨永霞	

附件3张

图 7-3　购物卡记账凭证

经济业务 42：员工的外部培训费用

业务描述：2019 年 6 月 28 日，直销管理部的吴秋煌参加某研修班，公司报销其外部培训费用。

记账凭证如图 7-4 所示。

记 账 凭 证

2019年 6月 28日　　　　　　　　　记字 第041号

摘要	总账科目	明细科目	借方 千百十万千百十元角分	√	贷方 千百十万千百十元角分	√
直销管理部吴秋煌报销外部培训费用	销售费用	销专项业务费（销培训）	220000			
	银行存款	招商银行			220000	
合计			¥220000		¥220000	
会计主管：	记账：	出纳：	审核：柯俊生		制单：杨永霞	

附件4张

图 7-4　外部培训记账凭证

经济业务 43：研发部门集体团建

业务描述：6 月 5 日—7 日，研发一部外出团建，公司报销团建费用。

（单据审核、账务处理要点后附）

记账凭证如图 7-5 所示。

记 账 凭 证

2019年 6月7日　　　　　　　　　记字 第042号

摘要	总账科目	明细科目	借方 千百十万千百十元角分	√	贷方 千百十万千百十元角分	√
研发一部报销外出团建费用	研发费用	人员费用（福利费）	844000			
	银行存款	招商银行			844000	
合计			¥844000		¥844000	

附件27张

会计主管：　　记账：　　出纳：　　审核：柯俊生　　制单：杨永霞

图 7-5　团建记账凭证

经济业务43- 单据审核及账务处理要点：

1. 每张票据的合法性与合理性审核。

2. 公司规定，部门团建费用每人最高报销额度为500元，报销金额按人平均后超出最高报销额度的部分不予报销，超出部分由个人承担。

3. 用于员工福利项目的增值税专用发票不能抵扣进项，发票金额全部计入福利费。

经济业务44：支付辞退补偿金

业务描述：6月30日，希丰公司产品质量稳定，客户对运营维护的需求量缩减，公司决定缩减编制，降低部门费用开支。运维工程师蔡渲渲被人力部门告知下月要降薪，蔡渲渲不同意降薪，双方协商后解除劳动合同，公司按合同法支付辞退补偿金。

（业务讲解后附）

记账凭证如图7-6、图7-7所示。

记 账 凭 证

2019年 6月30日　　　　　　　　　记字 第043号

摘要	总账科目	明细科目	借方 千百十万千百十元角分	√	贷方 千百十万千百十元角分	√
计提员工蔡渲渲辞退补偿金	研发费用	研发人员费用（研发经济补偿金）	24859200			
	应付职工薪酬	应付辞退福利			24859200	
合计			¥24859200		¥24859200	

附件3张

会计主管：　　记账：　　出纳：　　审核：柯俊生　　制单：杨永霞

图 7-6　辞退补偿金记账凭证（1）

记 账 凭 证

2019年 6月30日　　　　　记字 第044号

摘要	总账科目	明细科目	借方 千百十万千百十元角分	√	贷方 千百十万千百十元角分	√
支付蔡渲渲辞退补偿金	应付职工薪酬	应付辞退福利	24859200			
	银行存款	招商银行			24859200	
合计			¥24859200		¥24859200	
会计主管：	记账：	出纳：	审核：柯俊生		制单：杨永霞	

图7-7　辞退补偿金记账凭证(2)

经济业务 44- 业务讲解：员工辞退补偿金

用人单位解除或终止劳动合同，应当向劳动者支付经济补偿金的有 12 情形：

1. 用人单位提出，双方协商解除劳动合同的；

2. 劳动者患病或者非因工负伤，在规定的医疗期满后不能从事原工作，也不能从事由用人单位另行安排的工作，用人单位解除劳动合同的；

3. 劳动者不能胜任工作，经过培训或者调整工作岗位，仍不能胜任工作，用人单位解除劳动合同的；

4. 劳动合同订立时所依据的客观情况发生重大变化，致使劳动合同无法履行，经用人单位与劳动者协商，未能就变更劳动合同内容达成协议，用人单位解除劳动合同的；

5. 用人单位依照企业破产法规定进行重整，依法裁减人员的；

6. 用人单位生产经营发生严重困难，依法裁减人员的；

7. 企业转产、重大技术革新或者经营方式调整，经变更劳动合同后，仍需裁减人员，用人单位依法定程序裁减人员的；

8. 其他因劳动合同订立时所依据的客观经济情况发生重大变化，致使劳动合同无法履行，用人单位依法定程序裁减人员的。

9. 劳动合同期满，劳动者同意续订劳动合同而用人单位不同意续订劳动合同，由用人单位终止固定期限劳动合同的；

10. 因用人单位被依法宣告破产而终止劳动合同的；

11. 因用人单位被吊销营业执照、责令关闭、撤销或者用人单位决定提前解散而终止劳动合同的；

12. 法律、行政法规规定的其他情形。

经济补偿计算基数中工资的确定

《劳动合同法》第四十七条规定，劳动合同解除或终止后，用人单位应当按照劳动者在本单位工作的年限，每满一年支付一个月工资的标准向劳动者支付经济补偿。六个月以上不满一年的，按一年计算；不满六个月的，支付半个月工资的经济补偿。

经济业务 44- 审核要点

补偿金金额应按规定的标准计算。

经济业务 45：产品介绍视频录制

业务描述：2019 年 6 月 20 日，研发二部委托一家公司制作 IRV2.1 产品的内容介绍视频，余媛媛报销视频制作费用。

记账凭证如图 7-8 所示。

摘要	总账科目	明细科目	借方	贷方
研发二部余媛媛报销产品视频制作费用	研发费用	研专项业务费（研专宣传）	2238941	
	应交税费	应交增值税（进项税额）	67168	
	银行存款	招商银行		2306109
合计			2306109	2306109

记账凭证 2019年 6月 20日 记字 第045号 附件 6 张
会计主管： 记账： 出纳： 审核：柯俊生 制单：杨永霞

图 7-8 视频制作费用记账凭证

经济业务 46：公司第二季度总结和第三季度业务冲刺动员会

业务描述：6 月 18 日，公司召开第二季度总结和第三季度业务冲刺动员会，此次会议费用由总裁办承担，企管部王丽娜先从公司借支了一笔钱，用于会议组织和费用开支，会议结束后，提交相关单据报销本次费用。

（单据审核要点后附）

记账凭证如图 7-9 所示。

记 账 凭 证

2019年 6月 18日　　　　　　　　　　　记字 第046号

摘要	总账科目	明细科目	借方 千百十万千百十元角分	贷方 千百十万千百十元角分
企管部王丽娜报销公司季度会议费用	管理费用	管专业务费用（管专会务）	2732 72 00	
	应交税费	应交增值税（进项税额）	81 98 16	
	库存现金		18 52 9 84	
	其他应收款	个人（王丽娜）		3000 00 00
合计			¥3000 00 00	¥3000 00 00

会计主管：　　记账：　　出纳：　　审核：柯俊生　　制单：杨永霞

附件10张

图 7-9　会议记账凭证

经济业务 46- 单据审核要点

本业务提交的原始单据中报价和实际结算价有差异，入账金额以实际结算价为准。

经济业务 47：收到政府项目资金

业务描述：6月15日，北京市科技信息化局为支持软件产业的发展，拨付给公司人才开发专项资金150 000元。

（业务讲解后附）

记账凭证如图 7-10 所示。

记 账 凭 证

2019年 6月 15日　　　　　　　　　　　记字 第047号

摘要	总账科目	明细科目	借方 千百十万千百十元角分	贷方 千百十万千百十元角分
收到政府专项补助资金	银行存款	中国银行	150000 00	
	其他收益	政府补助收入		150000 00
合计			¥150000 00	¥150000 00

会计主管：　　记账：　　出纳：　　审核：柯俊生　　制单：杨永霞

附件2张

图 7-10　政府项目资金记账凭证

经济业务 47- 业务讲解：政府项目资金的入账处理

政府项目资金应专款专用，专门设立项目进行核算。为企业日常经营活动的政府补助，计入"其他收益"，不再计入"营业外收入"。

七、其他经营活动

经济业务 48：收到税务局退回的增值税即征即退的款项

业务描述：6 月 30 日，收到税务局退回的增值税即征即退的款项。

（业务讲解后附）

记账凭证如图 7-11 所示。

摘要	总账科目	明细科目	借方	贷方
收到税务局软件即征即退税款	银行存款	招商银行	577 485.57	
	其他收益	政府补助收入		577 485.57
合计			¥577 485.57	¥577 485.57

记账凭证 2019年 6 月 30 日 记字 第048号
会计主管： 记账： 出纳： 审核：柯俊生 制单：杨永霞
附件 2 张

图 7-11 退税记账凭证

经济业务 48- 业务讲解：即征即退税额的计算

即征即退税额 = 当期软件产品增值税应纳税额 − 当期软件产品销售额 ×3%

当期软件产品增值税应纳税额 =701 232.48

当期软件产品销售额 =4 124 896.95

即征即退税额 =701 232.48-4 124 896.95×3%=577 485.57

经济业务 49：支付中国教育发展基金会捐赠款

业务描述：2019 年 6 月 29 日，全国职业高校技能大赛举办，公司作为大赛赞助商，通过中国教育发展基金会捐款 130 万元，直销管理部陈聪颖报销该笔捐赠款。

（业务讲解后附）

记账凭证如图 7-12 所示。

记 账 凭 证

2019年 6月 29日   记字 第049号

摘要	总账科目	明细科目	借方	贷方
直销管理部陈颖聪报销技能大赛捐款	营业外支出	捐赠支出	1300000.00	
	银行存款	招商银行		1300000.00
合计			¥1300000.00	¥1300000.00

会计主管：   记账：   出纳：   审核：柯俊生   制单：杨永霞

附件5张

图 7-12   捐款记账凭证

经济业务 49- 业务讲解：什么样的捐赠能税前扣除

根据《财政部 国家税务总局 民政部关于公益性捐赠税前扣除有关问题的通知》（财税〔2008〕160 号）的规定，用于公益事业的捐赠支出，是指《中华人民共和国公益事业捐赠法》规定的向公益事业的捐赠支出，具体范围包括：

（一）救助灾害、救济贫困、扶助残疾人等困难的社会群体和个人的活动；

（二）教育、科学、文化、卫生、体育事业；

（三）环境保护、社会公共设施建设；

（四）促进社会发展和进步的其他社会公共和福利事业。

对于通过公益性社会团体发生的公益性捐赠支出，企业应提供省级以上（含省级）财政部门印制并加盖接受捐赠单位印章的公益性捐赠票据，或加盖接受捐赠单位印章的《非税收入一般缴款书》收据联，方可按规定进行税前扣除。

无法提供上述票据是不允许税前扣除的。

依据《财政部 税务总局关于公益性捐赠支出税前结转扣除有关政策的通知》（财税〔2018〕15 号）规定，<u>企业发生的公益性捐赠支出，不超过年度利润总额12% 的部分，准予扣除。超过年度利润总额12% 的部分，准予结转以后三年内在计算应纳税所得额时扣除。</u>

原始单据审核要点：需要取得带有"公益"字眼的捐赠收据方可税前抵扣。

经济业务 50：支付侵权赔偿款

业务描述：6 月 10 日，某图片公司状告希丰在市场宣传时擅自使用某张图片，侵犯了图片所有人的著作权，经法庭调解，希丰支付侵权赔偿款 4000 元，并向该图片公司道歉。企业管理部的法务人员林靓报销该笔赔偿款。

记账凭证如图 7-13 所示。

记 账 凭 证

2019年 6月10日　　　　　　　　　记字 第050号

摘要	总账科目	明细科目	借方	√	贷方	√
支付侵权赔偿款	营业外支出	其他	400000			
	银行存款	招商银行			400000	
合计			¥400000		¥400000	

附件3张

会计主管：　　　记账：　　　出纳：　　　审核：柯俊生　　　制单：杨永霞

图 7-13　赔偿款记账凭证

经济业务 51：月底统一与文印公司结算本月文印费用

业务描述：希丰公司每月各部门有大量的文件打印与装订工作，公司将该工作外包给附近的文印公司。6月30日，人力行政部王钰涛与文印公司结算本月公司各部门的文印费用。

记账凭证如图 7-14 所示。

记 账 凭 证

2019年 6月30日　　　　　　　　　记字 第051号

摘要	总账科目	明细科目	借方	√	贷方	√
月底与文印公司结算本月文印费用	管理费用	管专业务费用（管专印刷）	244093			
	销售费用	销专业务费用（销专印刷）	1863803			
	研发费用	研专业务费用（研专印刷）	160264			
	应交税费	应交增值税（进项税额）	136090			
	银行存款	招商银行			2404250	
合计			¥2404250		¥2404250	

附件5张

会计主管：　　　记账：　　　出纳：　　　审核：柯俊生　　　制单：杨永霞

图 7-14　文印费用记账凭证

经济业务 52：月底结算员工班车费用

业务描述：公司为员工提供班车接送服务，班车费用每人每月 400 元（含税），费用由公司人力行政部承担。6月30日，人力行政部王钰涛与班车租赁公司结算 6 月份员工班车费用。

记账凭证如图 7-15 所示。

记 账 凭 证

2019年 6 月 30 日　　　　　　　　记字 第052号

摘要	总账科目	明细科目	借方 千百十万千百十元角分	√	贷方 千百十万千百十元角分	√
人力行政部与租赁公司结算班车费用	管理费用	管人员费用（管福利）	1876106			
	应交税费	应交增值税（进项税额）	243894			
	银行存款	招商银行			2120000	
合计			¥2120000		¥2120000	

附件5张

会计主管：　　　记账：　　　出纳：　　　审核：柯俊生　　　制单：杨永霞

图 7-15　班车费用记账凭证

经济业务 53：月底与餐饮公司结算员工餐补

业务描述：公司对员工有餐饮补贴，每人每天 13 元。6 月 30 日，人力行政部王钰涛与餐饮公司（公司食堂）结算 6 月份员工餐补费用。

记账凭证如图 7-16 所示。

记 账 凭 证

2019年 6 月 30 日　　　　　　　　记字 第053号

摘要	总账科目	明细科目	借方 千百十万千百十元角分	√	贷方 千百十万千百十元角分	√
人力行政部与餐饮公司结算员工餐补费用	管理费用	管人员费用（管福利）	3079700			
	银行存款	招商银行			3079700	
合计			¥3079700		¥3079700	

附件4张

会计主管：　　　记账：　　　出纳：　　　审核：柯俊生　　　制单：杨永霞

图 7-16　餐补记账凭证

经济业务 54：月底结算房租费

业务描述：6 月 30 日，人力行政部王钰涛与永丰产业园结算第三季度房租费用。财务分摊本月房租费用。

（业务讲解后附）

记账凭证如图 7-17、图 7-18 所示。

记 账 凭 证

2019年 6 月 30 日　　　　记字 第054-1号

摘要	总账科目	明细科目	借方	√	贷方	√
			千百十万千百十元角分		千百十万千百十元角分	
预付本季度房租	预付账款	房租	9 9 0 0 9 1 4 3			
	应交税费	应交增值税（进项税额）	4 9 5 0 4 5 7			
预付本季度房租	银行存款	招商银行			1 0 3 9 5 9 6 0 0	
合计			¥ 1 0 3 9 5 9 6 0 0		¥ 1 0 3 9 5 9 6 0 0	

附件 5 张

会计主管：　　　　记账：　　　　出纳：　　　　审核：柯俊生　　　　制单：杨永霞

图 7-17　房租记账凭证（1）

记 账 凭 证

2019年 6 月 30 日　　　　记字 第054-2号

摘要	总账科目	明细科目	借方	√	贷方	√
			千百十万千百十元角分		千百十万千百十元角分	
6月房租分摊	管理费用	管公共费用（管租赁）	3 3 0 0 3 0 4 8			
	预付账款	房租			3 4 6 5 3 2 0 0	
合计			¥ 3 3 0 0 3 0 4 8		¥ 3 3 0 0 3 0 4 8	

会计主管：　　　　记账：　　　　出纳：　　　　审核：柯俊生　　　　制单：杨永霞

图 7-18　房租记账凭证（2）

经济业务 54- 业务讲解：房租的支付与分摊

房租一般是公司预付给出租人一个季度的金额，然后每月分摊房租费用。

经济业务 55：月底结算物业费

业务描述：6 月 30 日，人力行政部王钰涛与永丰产业园结算下季度物业费用，财务分摊本月物业费用。

（业务讲解后附）

记账凭证如图 7-19、图 7-20 所示。

记 账 凭 证

2019年 6 月 30 日　　　　　　　　　记字 第055-1号

摘要	总账科目	明细科目	借方 千百十万千百十元角分	贷方 千百十万千百十元角分	
预付第四季度物业费	预付账款	物业费	3 3 3 8 7 1 7 0		附件4张
	应交税费	应交增值税（进项税额）	2 0 0 3 2 3 0		
	银行存款	招商银行		3 5 3 9 0 4 0 0	
合计			¥3 5 3 9 0 4 0 0	¥3 5 3 9 0 4 0 0	

会计主管：　　　记账：　　　出纳：　　　审核：柯俊生　　　制单：杨永霞

图 7-19　物业费记账凭证（1）

记 账 凭 证

2019年 6 月 30 日　　　　　　　　　记字 第055-2号

摘要	总账科目	明细科目	借方 千百十万千百十元角分	贷方 千百十万千百十元角分
分摊6月物业费	管理费用	管公共费用（管物业管理）	1 1 1 2 9 0 5 7	
	预付账款	物业费		1 1 7 9 6 8 0 0
合计			¥1 1 1 2 9 0 5 7	¥1 1 1 2 9 0 5 7

会计主管：　　　记账：　　　出纳：　　　审核：柯俊生　　　制单：杨永霞

图 7-20　物业费记账凭证（2）

经济业务 55- 业务讲解：房租的支付与分摊

物业费一般是公司预付给物业公司一个季度的金额，然后每月分摊物业费用。

经济业务 56：月底结算公司电费

业务描述：6 月 30 日，人力行政部王钰涛与永丰产业园结算本月电费支出。

记账凭证如图 7-21 所示。

记 账 凭 证

2019年 6 月 30 日　　　　　　记字 第057号

摘要	总账科目	明细科目	借方 千百十万千百十元角分	√	贷方 千百十万千百十元角分	√
结算6月电费	管理费用	管公共费用（管物业管理）	2562743			
	应交税费	应交增值税（进项税额）	333157			
	银行存款	招商银行			2895900	
合计			¥2895900		¥2895900	

会计主管：　　记账：　　出纳：　　审核：柯俊生　　制单：杨永霞

附件5张

图 7-21　电费记账凭证

经济业务 57：月底网银手续费的结算

业务描述：6 月 30 日，出纳肖萌蕾与银行结算本月网银转账手续费。记账凭证如图 7-22 所示。

记 账 凭 证

2019年 6 月 30 日　　　　　　记字 第057号

摘要	总账科目	明细科目	借方 千百十万千百十元角分	√	贷方 千百十万千百十元角分	√
结算6月银行手续费	财务费用	手续费	66649			
	银行存款	招商银行			66649	
合计			¥66649		¥66649	

会计主管：　　记账：　　出纳：　　审核：柯俊生　　制单：杨永霞

附件2张

图 7-22　手续费记账凭证

经济业务 58：月底统计本月生日礼物购物卡发放数量

业务描述：6 月 30 日，人力资源部提交本月生日礼物购物卡发放记录，本月共发放 33 张购物卡（研发人员 20 张，销售人员 13 张）。

记账凭证如图 7-23 所示。

记 账 凭 证

2019年 6月30日　　　　　　　　　　　记字 第058号

摘要	总账科目	明细科目	借方 千百十万千百十元角分	贷方 千百十万千百十元角分
月底生日礼物购物卡发放	研发费用	研人员费用-研福利	2 0 0 0 0 0	
	销售费用	销人员费用-福利	1 3 0 0 0 0	
	预付账款	京东商城		3 3 0 0 0 0
合计			¥ 3 3 0 0 0 0	¥ 3 3 0 0 0 0

附件1张

会计主管：　　　记账：　　　出纳：　　　审核：柯俊生　　　制单：杨永霞

图 7-23　发放购物卡记账凭证

八、月末处理

经济业务 59：计算发出商品的成本，结转原材料领用成本与商品销售成本

业务描述：6 月 31 日，使用全月一次加权平均法计算发出商品的成本，并结转原材料领用成本与商品销售成本。

记账凭证如图 8-1 ～图 8-9 所示。

记 账 凭 证

2019年 6 月 30 日　　　　　记字 第059-1号

摘要	总账科目	明细科目	借方 千百十万千百十元角分	√	贷方 千百十万千百十元角分	√	附件
结转第19笔业务原材料领用成本	库存商品	安装光盘	¥4310				
		加密狗	¥181020				1 张
	原材料	光盘			¥4310		
		u盘（16g）			¥181020		
合计			¥185330		¥185330		

会计主管：　　　记账：　　　出纳：　　　审核：柯俊生　　　制单：杨永霞

图 8-1　结转第 19 笔业务记账凭证

记 账 凭 证

2019年 6 月 30 日　　　　　记字 第059-2号

摘要	总账科目	明细科目	借方 千百十万千百十元角分	√	贷方 千百十万千百十元角分	√	附件
结转第33笔业务销售成本	主营业务成本	软件成本（自产软件成本）	¥876830				
	库存商品	安装光盘			¥435		2 张
		加密狗			¥307700		
		印刷品			¥100000		
		教辅材料			¥113100		
合计							

会计主管：　　　记账：　　　出纳：　　　审核：柯俊生　　　制单：杨永霞

图 8-2　结转第 33 笔业务记账凭证（1）

记 账 凭 证

2019年 6月 30日　　　　　记字 第059-3号

摘要	总账科目	明细科目	借方 千百十万千百十元角分	√	贷方 千百十万千百十元角分	√
结转第33笔业务销售成本	库存商品	产品包装盒			¥ 8 5 5	
		空白表单			¥ 1 7 0 9 4 0	
		凭证打印纸			¥ 1 8 3 8 0 0	
合计			¥ 8 7 6 8 3 0		¥ 8 7 6 8 3 0	

附件 2 张

会计主管：　　　记账：　　　出纳：　　　审核：柯俊生　　　制单：杨永霞

图 8-3　结转第 33 笔业务记账凭证（2）

记 账 凭 证

2019年 6月 30日　　　　　记字 第059-4号

摘要	总账科目	明细科目	借方 千百十万千百十元角分	√	贷方 千百十万千百十元角分	√
结转第34笔业务销售成本	主营业务成本	软件成本（自产软件成本）	¥ 6 6 3 7 3 0			
	库存商品	安装光盘			¥ 4 3 5	
		加密狗			¥ 3 0 7 7 0 0	
		产品包装盒			¥ 8 5 5	
		空白表单			¥ 1 7 0 9 4 0	
合计						

附件 2 张

会计主管：　　　记账：　　　出纳：　　　审核：柯俊生　　　制单：杨永霞

图 8-4　结转第 34 笔业务记账凭证（1）

记 账 凭 证

2019年 6月 30日　　　　　记字 第059-5号

摘要	总账科目	明细科目	借方 千百十万千百十元角分	√	贷方 千百十万千百十元角分	√
结转第34笔业务销售成本	库存商品	凭证打印纸			¥ 1 8 3 8 0 0	
合计			¥ 6 6 3 7 3 0		¥ 6 6 3 7 3 0	

附件 2 张

会计主管：　　　记账：　　　出纳：　　　审核：柯俊生　　　制单：杨永霞

图 8-5　结转第 34 笔业务记账凭证（2）

记 账 凭 证

2019年 6月 30日　　　　　记字 第059-6号

摘要	总账科目	明细科目	借方 千百十万千百十元角分	√	贷方 千百十万千百十元角分	√
结转第35笔业务销售成本	主营业务成本	软件成本（自产软件成本）	¥663730			
	库存商品	安装光盘			¥435	
		加密狗			¥307700	
		产品包装盒			¥855	
		空白表单			¥170940	
合计						

会计主管：　　　记账：　　　出纳：　　　审核：柯俊生　　　制单：杨永霞

附件 2 张

图 8-6　结转第 35 笔业务记账凭证（1）

记 账 凭 证

2019年 6月 30日　　　　　记字 第059-7号

摘要	总账科目	明细科目	借方 千百十万千百十元角分	√	贷方 千百十万千百十元角分	√
结转第35笔业务销售成本	库存商品	凭证打印纸			¥183800	
合计			¥663730		¥663730	

会计主管：　　　记账：　　　出纳：　　　审核：柯俊生　　　制单：杨永霞

附件 2 张

图 8-7　结转第 35 笔业务记账凭证（2）

记 账 凭 证

2019年 6月 30日　　　　　记字 第059-8号

摘要	总账科目	明细科目	借方 千百十万千百十元角分	√	贷方 千百十万千百十元角分	√
结转第36笔业务销售成本	主营业务成本	软件成本（自产软件成本）	¥368830			
		商品销售成本	¥13504270			
	库存商品	安装光盘			¥435	
		加密狗			¥123080	
		产品包装盒			¥855	
合计						

会计主管：　　　记账：　　　出纳：　　　审核：柯俊生　　　制单：杨永霞

附件 2 张

图 8-8　结转第 36 笔业务记账凭证（1）

记 账 凭 证

2019年 6月 30日　　　　　　　　　　　记字 第059-9号

摘要	总账科目	明细科目	借方	贷方	附件
结转第36笔业务销售成本	库存商品	空白表单		¥1 7 0 9 4 0	2张
		凭证打印纸		¥7 3 5 2 0	
		机器人硬件		¥4 1 0 2 5 0 0	
		服务器		¥9 4 0 1 7 1 0	
合计			¥1 3 8 7 3 1 0 0	¥1 3 8 7 3 1 0 0	

会计主管：　　　记账：　　　出纳：　　　审核：柯俊生　　　制单：杨永霞

图 8-9　结转第 36 笔业务记账凭证（2）

经济业务 60：本月工资计提

业务描述：6 月 30 日，计提本月职工工资及公司承担的五险一金。

记账凭证如图 8-10～图 8-12 所示。

记 账 凭 证

2019年 6月 30日　　　　　　　　　　　记字 第060-1/3号

摘要	总账科目	明细科目	借方	贷方	附件
计提研发部门工资及五险一金	研发费用	研人员费用（研工资）	7 9 1 7 0 0 0 0		1张
	研发费用	研人员费用（研社保）	1 9 1 9 3 6 9 3		
	研发费用	研人员费用（研住房公积）	7 1 7 5 2 1 2		
计提销售部门工资及五险一金	销售费用	销人员费用（工资）	1 1 4 6 4 0 0 0 0		
	销售费用	销人员费用（社保）	2 2 5 2 1 9 0 9		
合计					

会计主管：　　　记账：　　　出纳：　　　审核：柯俊生　　　制单：杨永霞

图 8-10　工资计提记账凭证（1）

记 账 凭 证

2019年 6月30日　　　　　　记字 第060-2/3号

摘要	总账科目	明细科目	借方 千百十万千百十元角分	√	贷方 千百十万千百十元角分	√
计提管理部门工资及五险一金	销售费用	销人员费用（住房公积）	8 4 1 9 4 0 5			
	管理费用	管人员费用（工资）	6 3 8 4 0 0 0 0			
	管理费用	管人员费用（社保）	7 0 6 5 4 7 8			
	管理费用	管人员费用（住房公积）	2 6 4 1 3 0 0			
	应付职工薪酬	应付成本工资			2 5 7 6 5 0 0 0 0	
合计						

会计主管：　　记账：　　出纳：　　审核：柯俊生　　制单：杨永霞

图 8-11 工资计提记账凭证（2）

记 账 凭 证

2019年 6月30日　　　　　　记字 第060-3/3号

摘要	总账科目	明细科目	借方 千百十万千百十元角分	√	贷方 千百十万千百十元角分	√
	应付职工薪酬	应付社会保险费	4 8 7 8 1 0 8 0			
	应付职工薪酬	应付住房公积金	1 8 2 3 5 9 1 7			
合计			¥ 3 2 4 6 6 6 9 9 7		¥ 3 2 4 6 6 6 9 9 7	

会计主管：　　记账：　　出纳：　　审核：柯俊生　　制单：杨永霞

图 8-12 工资计提记账凭证（3）

经济业务61：本月资产计提折旧与摊销

业务描述：6月30日，计提本月固定资产的折旧和无形资产的摊销。

记账凭证如图8-13～图8-15所示。

记 账 凭 证

2019年 6月30日　　　　　　记字 第061-1号

摘要	总账科目	明细科目	借方 千百十万千百十元角分	贷方 千百十万千百十元角分
计提本月固定资产折旧	管理费用	管公共（管折旧）	6 4 4 9 3 7	
	销售费用	销公共（销折旧）	1 1 9 8 9 7 2	
	研发费用	研公共（研折旧）	6 4 9 4 0 4 4	
	累计折旧	计算机及电子设备		7 9 5 2 0 9 1
	累计折旧	家具用具		4 4 4 6 3
合计				

会计主管：　　记账：　　出纳：　　审核：柯俊生　　制单：杨永霞

附件1张

图 8-13　计提折旧记账凭证（1）

记 账 凭 证

2019年 6月30日　　　　　　记字 第061-2号

摘要	总账科目	明细科目	借方 千百十万千百十元角分	贷方 千百十万千百十元角分
计提本月固定资产折旧	累计折旧	运输设备		2 2 4 5 1 9
	累计折旧	其他办公设备		1 1 6 8 8 0
合计			¥8 3 3 7 9 5 3	¥8 3 3 7 9 5 3

会计主管：　　记账：　　出纳：　　审核：柯俊生　　制单：杨永霞

图 8-14　计提折旧记账凭证（2）

记 账 凭 证

2019年 6月30日　　　　　　记字 第061-3号

摘要	总账科目	明细科目	借方 千百十万千百十元角分	贷方 千百十万千百十元角分
计提本月无形资产摊销	管理费用	管公共（管无形资产摊销）	3 6 2 4 9 5	
	累计摊销	著作权摊销		8 5 6 8
	累计摊销	课程摊销		2 9 8 5 8 5
	累计摊销	外购软件许可摊销		5 5 3 4 2
合计			¥3 6 2 4 9 5	¥3 6 2 4 9 5

会计主管：　　记账：　　出纳：　　审核：柯俊生　　制单：杨永霞

附件1张

图 8-15　计提摊销记账凭证

经济业务 62：本月应交增值税与附加税的计算与计提

业务描述：6 月 30 日，计算本月应交的增值税及附加税并做计提分录。（税金计算表后附）

记账凭证如图 8-16～图 8-18 所示。

记 账 凭 证

2019年 6 月 30 日　　　　　　　　　　　记字 第062-1号

摘要	总账科目	明细科目	借方 千百十万千百十元角分	√	贷方 千百十万千百十元角分	√
计提6月份应交增值税	应交税费	应交增值税（转未交增值税-软件）	¥81106196			
	应交税费	应交增值税（转未交增值税-商品）	¥59280747			
	应交税费	应交增值税（转未交增值税-服务）	¥8954418			
	应交税费	应交增值税（转未交增值税-固定资产）	¥437168			
	应交税费	未交增值税（软件）			¥81106196	
合计						
会计主管：	记账：	出纳：	审核：柯俊生		制单：杨永霞	

图 8-16　应交增值税记账凭证(1)

记 账 凭 证

2019年 6 月 30 日　　　　　　　　　　　记字 第062-2号

摘要	总账科目	明细科目	借方 千百十万千百十元角分	√	贷方 千百十万千百十元角分	√
计提6月份应交增值税	应交税费	未交增值税（商品）			¥59280747	
	应交税费	未交增值税（服务）			¥8954418	
	应交税费	未交增值税（固定资产）			¥437168	
合计			¥12433863		¥12433863	
会计主管：	记账：	出纳：	审核：柯俊生		制单：杨永霞	

图 8-17　应交增值税记账凭证(2)

记 账 凭 证

2019年 6月30日　　　　　　　　　记字 第062-3号

摘要	总账科目	明细科目	借方	√	贷方	√
			千百十万千百十元角分		千百十万千百十元角分	
计提6月份城建税及教育费附加	税金及附加	软件税金附加	¥1 4 9 2 0 6 4			
	应交税费	应交城市维护建设税			¥8 7 0 3 7 1	
	应交税费	应交教育费附加			¥3 7 3 0 1 6	
	应交税费	应交地方教育费附加			¥2 4 8 6 7 7	
合计			¥1 4 9 2 0 6 4		¥1 4 9 2 0 6 4	

会计主管：　　　记账：　　　出纳：　　　审核：柯俊生　　　制单：杨永霞

图 8-18　应交税金及附加记账凭证

税金计算明细表	
期初留抵税额	0.00
本期进项税额	764 349.25
软件	51 769.91
商品	617 304.99
固定资产	4 371.68
服务	90 902.67
本期销项税额	888 687.88
软件	862 831.87
商品	24 497.52
固定资产	0.00
服务	1 358.49
应交增值税	124 338.63
应交城建税	8 703.70
应交教育费附加	3 730.16
应交地方教育费附加	2 486.77
税金及附加	14 920.64

经济业务 63：月末损益结转

U8 系统自动结转。

经济业务 64：本月所得税计提与结转

U8 系统自动结转。

经济业务 65：本年利润结转

U8 系统自动结转。